困難事案もこれで解決！

ケース別 相続をめぐる
固定資産税の実務

加藤淳也　伊藤定幸　今井 亮　露木洋司　櫛田博之 ［編著］
一般財団法人MIA協議会　株式会社総合鑑定調査 ［編集協力］

ぎょうせい

はしがき

　月刊「税」令和3年1月号から5月号にかけて、本書の筆者5名により、「ケースから考える　固定資産税と相続」という表題で連載をさせていただいた。おかげさまでご好評をいただき、本書を発刊する運びとなった。

　本書を執筆するにあたっては、月刊「税」の原稿をベースとしつつ、さらに内容を充実させた。ケースを増やし、解説を詳細にし、新たな項目や論点も加筆した。

　また、100を超える地方団体からアンケートにご協力をいただき、実務の運用や悩みを把握した。地方団体の事務は、地方自治の下、各々の地方団体により試行錯誤を凝らして行われているが、見方を変えれば、地方団体によって運用が異なったり、ノウハウが共有されていなかったりする面がある。このことは、必ずしも歓迎されるものとはいえず、他の地方団体の運用を知ったり、ノウハウを共有したりすることは、適正な課税を実現する上で有意義なものと思われる。このような観点から、地方団体の実際の運用や悩みにも目を向けた内容となっており、本書の特長のひとつといえる。この点は特に第5章に表れている。

　上記の月刊「税」での連載及び本書は、固定資産税実務に関わる方を読者として想定したものであり、固定資産税実務の中でも相続という観点にスポットを当てた内容となっている。これは、筆者らが地方団体職員向けの研修会を行う中で、特に反響の大きい分野だったことが一因である。この分野には実務を行う上で悩ましい問題が多数存在しており、そのことを執筆する中で再認識した。固定資産税実務において相続が絡む場合、台帳課税主義の原則と例外の理解、相続法の理解、相続財産管理人や不在者財産管理人、公示送達などの制度の理解、

相続人調査や納税通知書、相続人代表者指定などの事務処理上の問題、さらには近時の法改正の知識など、幅広い知識が必要となる。本書はこれらの諸問題を一応網羅できたのではないかと考えている。

　本書が固定資産税実務に関わる方々にとって、少しでも役に立つものとなれば幸甚である。

　本書を発刊するにあたって、一般財団法人MIA協議会及び株式会社総合鑑定調査の青芳功二氏と横井篤氏には多大なるご尽力をいただいた。この場を借りて御礼を申し上げる。

令和3年11月吉日

編集代表　　加藤　　淳也

目　次

第3章　遺言・遺産分割

第4章 相続放棄・相続財産管理人・不在者財産管理人

第6章　公示送達・近年の法改正等

第1章

固定資産税と相続に関する前提問題

1 賦課課税方式

　個々の納税者が自ら税額を計算して税務署に申告する納税方式を申告納税方式というのに対し、国や地方公共団体が納税額を計算して納税者に通知する方式を賦課課税方式という。

　国税の多くは申告納税方式を採用しているが（法人税、所得税、消費税、相続税等）、地方税の分野では、個人住民税、個人事業税、固定資産税、不動産取得税、自動車税、都市計画税など、賦課課税方式が多く採用されている。本書で扱う固定資産税も、賦課課税方式である。

　賦課課税方式の場合、適正な課税を行うためには、税額を計算したり、課税客体や納税義務者を適切に把握したりできるよう、自治体職員のスキルの維持、向上が重要となる。そのためには、自治体職員が必要な法的知識を身に付ける必要もあるだろう。

　固定資産税と相続をテーマにした本書は、賦課課税方式の下、自治体の職員が納税義務者を適切に把握するために必要な知識を記載し、その業務の一助となることを一つの目的としている。

2 租税法律主義

「租税法律主義」とは、租税を賦課徴収する場合には、必ず法律に基づかなければならないとする考え方をいう。憲法84条に規定がある。

憲法第84条
　あらたに租税を課し、又は現行の租税を変更するには、法律又は法律の定める条件によることを必要とする。

　租税の賦課徴収は、行政が様々な公共サービスを提供するための資金調達手段であるが、行政が国民・市民の財産を義務的に提供させるという側面がある。そこで、その賦課や徴収の方法を、国民の代表者から成る議会が定めた法律によってのみ課すとすることにより、行政に対して、国民の同意に基づく課税を義務付けるものである。

　租税法律主義の内容として、「課税要件法定主義」と「課税要件明確主義」がある。

　課税要件法定主義とは、課税要件、つまりどのような場合に課されるのかという要件（納税義務者、課税物件、課税標準、税率等）と、租税の賦課・徴収の手続は、法律で定めるべきことをいう。法律で定めるという点について、政令や省令等の下位規範に委任することも可能であるが、その委任は個別的・具体的でなければならず、一般的・白紙的委任は許されないとされている。

　課税要件明確主義とは、課税要件と賦課・徴収手続の内容は明確に定められなければならないことをいう。これは、法律で規定した内容に様々な解釈ができるとすると、行政の自由裁量により様々な課税がなされる危険性がある。そうなると、結局法律で定めなければならないとした趣旨が没却されるため、それを防止するために定めの明確性

を求めるものである。

　このような租税法律主義の原則は、単に立法上の原則にとどまるものではなく、租税法規の解釈にもその趣旨が及ぶと解されており、租税法規の解釈は原則として文理解釈によるべきであり、みだりに拡張解釈や類推解釈を行うことは許されないとされる。

■【ケース1−1】

> 　登記簿の表題部の所有者欄に「大字西」「共有地」と記載されている土地があります。この記載は、当該土地の所在する地区の住民により組織されている自治会又は町会を意味しており、この自治会又は町会が実質的な所有者といえます。
>
> 　そこで、「大字西」「共有地」として表章される地縁団体は、実体としては消滅しているのと同視して、地方税法343条2項後段（登記簿に所有者として登記されている法人が消滅しているとき）に該当するとして、実質的な所有者である当該自治会又は町会に課税することはできますか。

　本ケースと同様の事案で、大阪高裁（平成26年2月6日）は、地方税法343条2項後段の規定を類推適用することにより、関係自治会等が本件固定資産税の納税義務者に該当する旨の判断をした。

　これに対し、最高裁は次のように判示した。

　「原審は、本件各土地につき、本件固定資産税等の賦課期日におけるその所有権の帰属を確定することなく、（略）関係自治会等をその実質的な所有者と評価することができるなどとして、地方税法343条2項後段の規定を類推適用することにより、関係自治会等が本件固定資産税等の納税義務者に該当する旨の判断をしたものであり、このような原審の判断には、同項後段の解釈適用を誤った違法があるというべきである。」（最高裁平成27年7月17日判決）。

　固定資産税と相続というテーマを扱う本書は、租税法律主義の下、法律に従って納税義務者を適切に把握するための知識を記載したものである。法律を解釈して適用する際には、法律の文言に従うことが望まれよう。

3 自治体の事情、民間委託

　固定資産税は、自治体によっては、市税の半分ほどを占める非常に重要な自主財源となっている。したがって、これについて適正な課税を推進することは、固定資産税実務に関わる自治体職員の使命といえる。

　また、市民の固定資産税に対する関心は上昇しており、納税者への説明責任を果たすため、職員のスキルの向上も求められる。

　他方、多くの自治体では財政状況が芳しくなく、職員の定数を減らすなどの行政経営のスリム化や、資産評価事務の効率化が求められている。

　このように、一方では固定資産税の重要性が高まる中、他方では行政事務のスリム化や効率化が求められているのであり、自治体の置かれている状況には厳しいものがある。

　そこで、業務の民間委託についても検討されるが、現在、固定資産の調査とそれに基づく評価は、いわゆる公権力の行使としての固定資産税の賦課処分と一体であり、民間委託に馴染まない業務であると考えられている。特に、課税庁としての説明責任や、罰則により担保された質問検査権などの問題が絡むものについては慎重に考えられる。

　もっとも、補助的業務は民間に委託することが可能であり、たとえば、計算ソフト、航空写真などについては、民間委託がなされている。

　相続が発生した事案において納税義務者を適切に把握することは、基本的には自治体職員が行うべき業務のひとつといえる。

4　固定資産税の賦課徴収の流れ

　固定資産税の賦課徴収は、法令に定められた時期・流れに則って行う必要がある。以下に概要を記載する。

1月1日	賦課期日（地方税法（以下「法」という。）318条） 1月1日の所有者が納税義務者となる ※「所有者」の意味については本書の各章を参照されたい
3月31日	価格等の決定（法410条1項） 土地価格・家屋価格等縦覧帳簿の作成（法415条1項）
4月1日	台帳登録の公示（法411条2項） 土地価格・家屋価格等縦覧帳簿の縦覧（法416条1項）
4月20日	賦課決定・納税通知書の交付（納期限10日前まで）（法319条の2第3項）※4月20日となるのは条例で納期限が4月30日とされた場合
4月30日	第1期納期限（法362条1項、条例事項）※4月30日となるのは条例で納期限が4月30日とされた場合

5 不服申立ての手続

　賦課課税である固定資産税については、賦課決定に対する不服申立ての制度が用意されている。

⑴　価格に対する不服──「審査申出」

　賦課決定・納税通知書交付から3か月以内に、固定資産評価審査委員会へ審査の申出を行う（法432条1項）。

　固定資産評価審査委員会は、申出を受けた日から30日以内に審査の決定をする（法433条1項）。

　決定は、却下、棄却、認容の3種類である。

⑵　価格以外に対する不服──「審査請求」

　処分を知った日から3か月以内に、市町村長へ審査請求を行う（行政不服審査法18条）。

　市町村は、裁決で、却下、棄却、認容のいずれかを行う（行政不服審査法45条、46条）。

　相続に関連して納税義務者でない者に賦課決定を行った場合の不服申立手続は、価格以外に対する不服であるから、審査請求によることになる。

⑶　取消訴訟

　固定資産評価審査委員会の決定や、市町村の裁決に不服がある場合は、決定・裁決があったことを知った日から6か月以内に、裁判所に対して、当該決定・裁決の取消しを求める訴えを提起できる（行政事件訴訟法14条）。

　したがって、納税義務者の認定について争いが生じた場合、最終的には裁判所の判断で解決することとなる。本書で紹介するケースも、裁判例を参考にしているものが多数ある。

6 固定資産税と相続にまつわる法律問題（概観）

　固定資産税実務において相続が関連する案件を処理するには、地方税法及び相続等に関連した法律知識が必要となる。

　まず、地方税法に規定する台帳課税主義についての理解が必要となる。相続が関連する場面では、台帳課税主義の重要性を踏まえた上で、その例外として「現に所有している者」の意味を理解する必要がある。また、台帳課税主義の原則が適用される事案なのか、例外が適用される事案なのかを的確に区別することが納税義務者を認定する際の出発点となる。それには、登記簿上の所有者が死亡した日が賦課期日の前なのか後なのか、という点がポイントとなる。この点は第2章で扱う。

　次に、相続人が誰かを的確に認定する必要がある。この点については、第2章で相続に関する一般的な知識を扱い、第5章ではどのように相続人を調査して認定するのかという、より実務に即した内容を扱う。

　また、相続が発生すると、遺言が存在する場合は基本的には遺言により、遺言が存在しない場合は遺産分割により、相続による権利関係が確定される。したがって、遺言や遺産分割の知識を踏まえた上で、これらが固定資産税の納税義務者の認定にどのような影響を与えるのかを理解する必要がある。これについては第3章で扱う。

　相続が発生したものの、相続人が相続放棄をする場合もある。相続放棄がなされると、固定資産税の納税義務者はどうなるのか。また、相続放棄には遡及効があるとされており、この遡及効が納税義務者の認定にいかなる影響を与えるのかなど、相続放棄は固定資産税実務に難解な問題を生じさせる。さらに、相続放棄などにより不動産の所有者が不明になった場合の問題もある。これらについては第4章で扱う。

　実務的な観点からは、相続人調査の方法、納税通知書の送付方法、相続人代表者指定についての知識やノウハウが必要であり、第5章で

はこれらについて扱う。また、公示送達については**第6章**で扱う。

　最後に、近時なされた相続法の改正の固定資産税実務への影響、昨今社会問題となっている所有者不明不動産についての法制度や取組みについて**第6章**で扱う。

〈参考文献〉

・『判例タイムズ』No.1418（2016年1月号）86頁以下
・辻村みよ子『憲法〔第7版〕』（日本評論社、2021年）

【加藤淳也】

行政訴訟こぼれ話

　固定資産税に関する紛争は、最終的には裁判所での「取消訴訟」（行政訴訟）で争われます（なお、詳細については本書第1章「**5 不服申立ての手続**」参照）。

　この取消訴訟は、裁判所の支部では扱われず、本庁で扱われます（地方裁判所及び家庭裁判所支部設置規則1条2項）。

> **地方裁判所及び家庭裁判所支部設置規則1条2項**
> 「地方裁判所の支部においては、上訴事件及び行政事件訴訟に係る事件に関する事務を除いて、地方裁判所の権限に属する事務を取り扱う。」

　本庁と支部というのは、名古屋地方裁判所を例にすると、名古屋地方裁判所が本庁、名古屋地方裁判所一宮支部が支部になります。名古屋地方裁判所は、一宮支部の他に、半田支部、岡崎支部、豊橋支部があります。

　大きな地方裁判所の本庁では、労働、行政、知財、交通など特定の分野の事件について、他の事件と区別してこれを集約的に取り扱う専門部又は集中部が設けられています。名古屋地方裁判所本庁ですと、現在、民事第9部が行政事件の集中部になっています。

　また、行政事件は通常、裁判官3人による合議体で審理が行われます。

　このように行政事件は、本庁の集中部において3人の裁判官により審理がなされます。行政事件に慣れた裁判官が、てきぱきと争点の整理をして、積極的に訴訟指揮権を行使しながら審理を進めている印象を持ちます。

　また、固定資産税の取消訴訟は、市町村が行った賦課決定処分が適法かどうかが審理の対象なので、民事訴訟のように話し合って落としどころを見つけましょうという和解はあまり行われません。また、民事訴訟のように、お互いの経験した事実を証言するという尋問手続が行われないことも多いです。したがって、書面によって粛々と判決に向けた審理が積み重ねられていくイメージです。

　同じ裁判でも、民事事件と行政事件の違いは興味深いものです。

〔加藤淳也〕

第2章

台帳課税主義と相続

1 所有者課税の原則と台帳課税主義

■【ケース2−1】

令和2年12月3日に土地がAからBに売買されましたが、所有権移転登記がなされたのは令和3年1月15日でした。Aは債務超過で売買代金も借金の支払いに充てられ、納税は困難な状態です。この場合、令和3年1月1日の実質的な所有者はBなので、令和3年度の固定資産税をBに課税することはできませんか。

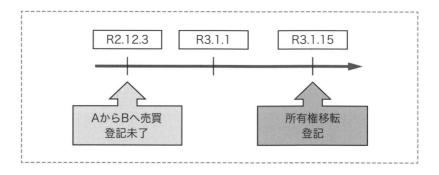

(1) 所有者課税の原則

地方税法は、固定資産税は固定資産の「所有者」に課するとしている（地方税法（以下「法」という。）343条1項）。これは、「所有者課税の原則」と呼ばれるものである。

固定資産の所有者に固定資産税が課されること自体は、異論はないであろう。

(2) 所有者課税の例外

所有者課税の原則にも以下の例外がある。本書では本題ではないが、簡単に触れておく。

ア　質権又は100年より永い存続期間の定めのある地上権の目的である土地の場合

この場合は、所有者ではなく、その質権者又は地上権者が納税義務者となる（法343条1項括弧書き）。

イ　災害等により所有者の所在が不明である場合

この場合は、所有者を納税義務者として課税してみても、現実にはこれを負担させることはできない。そこで、使用者を所有者とみなして、その者に課税することができる（法343条4項）。

ウ　相当な努力が払われたと認められるものとして政令で定める方法により探索を行ってもなお所有者の存在が不明である場合

この場合も、使用者を所有者とみなして、その者に課税することができる（法343条5項）。

この規定は、相続が発生しても長期間にわたり相続登記がなされないなどにより、調査を尽くしても所有者が判明しない場合が社会問題化していたため、法改正（地方税法等の一部を改正する法律（令和2年法律第5号））により、新たに創設された規定である。なお、詳細は第6章**5**を参照されたい。

エ　国が買収し、又は収納した農地等の場合

所有権はいったん国に移転するが、耕作者等に売り渡されることになる土地について、実際には、その所有者名義は売渡しが完了するまで原所有者名義のままにされていることが多い。この場合においても登記簿上の所有者に課税するとすれば、実際には使用収益することができない原所有者に対して負担を求めることになってしまう。

そこで、現実にその土地を使用収益している者に着目し、買収又は収納した日から国が他人に売り渡し、その所有権が相手方に移転する日までの間はその使用者を所有者とみなして課税することとしている（法343条6項）。

オ　土地区画整理事業の施行に係る仮換地等の場合

使用者等を所有者とみなすことができる（法343条7項）。

カ　公有水面の埋立地等の場合

使用者等を所有者とみなすことができる（法343条8項）。

キ　信託に係る償却資産の場合

信託会社が他の者にこれを譲渡することを条件として当該他の者に賃貸しているものについては、当該償却資産が当該他の者の事業の用に供するものであるときは、当該他の者をもつて所有者とみなす（法343条9項）。

ク　家屋の所有者以外の者が事業の用に供するために取り付けた家屋の附帯設備であり、当該家屋に付合したもの

当該取り付けた者の事業の用に供することができる資産である場合に限り、当該取り付けた者をもつて所有者とみなし、当該附帯設備のうち家屋に属する部分は家屋以外の資産とみなして固定資産税を課することができる。

(3)　「所有者課税の原則」と「台帳課税主義」の関係

では、「所有者課税の原則」と「台帳課税主義」とは、どのような関係にあるのか。

固定資産税は固定資産の所有者に課するものであるが（所有者課税の原則（法343条1項））、その「所有者」が誰なのかについては、登記簿等によって判断するとされる。これを「台帳課税主義」という（法343条2項前段）。

つまり、固定資産税との関係では、登記簿等に記載されている者が「所有者」ということになり、その者に課税されることになる。

なお、台帳課税主義によって所有者を判断する際の登記簿等とは、以下のものを意味する（法343条2項前段、同条3項）。

① 登記簿

②　土地補充課税台帳

③　家屋補充課税台帳

④　償却資産課税台帳

なお、上記②③は、補充課税台帳であることに留意が必要である。補充課税台帳と課税台帳の関係については【ケース2-4】を参照されたい。

(4)　台帳課税主義の採用理由

上記のとおり、固定資産税においては所有者を登記簿等で判断するものであるが、私法上・民事上の所有者（真の所有者）と離齬が生じる場合がある。

例えば、私法上においては、売買契約の成立と同時に所有権が移転するのが原則であり（民法176条、最判昭和33年6月20日民集12巻10号1585頁）、登記は対抗要件にすぎないため（民法177条）、所有権移転登記がなされていなくても所有者は売主から買主に移転している。だが、固定資産税においては、台帳すなわち登記で所有者か否かが判断されるため、売買契約が成立していても所有権移転登記が未了であれば、所有者は売主のままということになる。

では、なぜ地方税法は、このように私法上の所有者と離齬が生じ得る「台帳課税主義」を採用しているのであろうか。

①　私法上の所有者を捕捉することが必ずしも容易ではない

私法上の所有者は、売買契約が成立しているかどうか、相続により権利が移転しているかどうか、時効が成立しているかどうかなど、外形上必ずしも明確ではない事項から判断しなければならない場合も多い。

だが、そのような不明確な事項について調査をしなければ課税できないとなると、迅速な税収入の確保や徴税費用の観点から不都合であるし、課税実務上現実的ではない。

②　私法上の所有関係は、長期にわたって、いずれとも決しがたい
　場合も多い

　売買契約の成否、相続関係、時効成立の有無などに争いが生じると、
裁判が確定するまで権利関係が確定しないという場合も生じる。

　だが、裁判が確定するまで課税できないとなると、迅速な税収入の
確保が果たせなくなる。

　このような観点から、地方税法は固定資産税について台帳課税主義
を採用し、賦課期日である1月1日現在における登記簿等上の所有者
に課税をすれば足りるとしているのである。

　なお、仙台地判昭和30年11月16日は、「凡そ土地、家屋に対する
固定資産税の納税義務者は、本来課税客体である土地家屋の真実の所
有者と一致すべきものであるが、その所有者を捕捉することの徴税技
術上の困難、煩瑣並びに税収入の確保と徴税費用の節減等から、右所
有者を捕捉する一手段として所謂台帳課税主義を採用し、賦課期日で
あるその年の1月1日現在における固定資産税課税台帳上の所有者と
して登録せられているものを納税義務者となし、その年度内における
賦課期日後の所有者に変動があっても納税義務者に影響を及ぼさない
こととしている。」と判示している。

⑸　【ケース2−1】の回答

　本ケースの場合、賦課期日である令和3年1月1日の登記簿上の所
有者はAである。

　したがって、台帳課税主義の原則により、Aが納税義務者であり、
Bに課税することはできない。

2 台帳課税主義の意味

【ケース2-2】

令和2年11月8日に土地がAからBに売買され、所有権移転登記も完了し、令和3年1月1日時点での登記名義人はBでした。そこで、Bに対して固定資産税を課税しました。

ところが、AからBへの売買は無効だという判決が令和3年10月に確定し、Aへの真正な登記名義の回復がなされました。

これにより、令和3年1月1日時点での所有者は実はBではなかったことが判明したため、Bへの課税も無効となるのでしょうか。

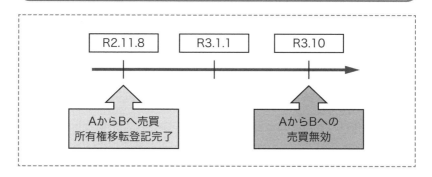

(1) 登記簿上の所有名義人の重要性

台帳課税主義により、登記簿上の所有者は、真実の所有者が誰であるかを問わず、固定資産税の納税義務者と認定される。

このことは、のちに所有権移転登記が抹消されたり、裁判などによって真正な所有権の回復がなされ、過去に遡って登記名義人が変更されたりした場合でも変わらない。

したがって、①賦課期日までに真実の所有者が変わっていても、登記簿上の所有者が納税義務者である、②賦課期日後に登記簿上の所有者が真実の所有者でないことが明らかになっても、既になされた課税処分は適法である、③登記簿に所有者として登記されている者に課税

した場合は、たとえ当該登記簿の記載事項に誤りがあっても、その課税は違法ではない、ということになる。

　本ケースでも、令和3年1月1日時点での登記名義人はBであった以上、その後に売買が無効であることが判明し、Aに登記名義が回復されたとしても、Bへの課税は無効とはならない。なお、Bから課税庁への不当利得返還請求も認められない（大阪地判昭和51年8月10日判決参照）。

　ちなみに、これは賦課期日において登記名義人が存命しているため、台帳課税主義が適用されるケースである。後に出てくるケースのように、賦課期日において登記名義人が死亡している場合に、既になされた課税処分の適法性が問題になるケース（台帳課税主義の例外として「現に所有する者」が問題になるケース）とは場面が異なるため、混同しないように注意が必要である。

(2)　登記簿上の所有者とは

　登記簿上の所有者とは、表題部の登記がなされたがまだ所有権に関する登記がなされていない場合は、登記簿の表題部に所有者として登記された名義人である。所有権に関する登記がなされた以後は、甲区欄に所有者として登記された所有名義人である。

(3)　課税庁が悪意の場合

　固定資産税賦課決定処分にあたり、課税処分権者である市町村において、登記簿上の所有者が真実の所有者でないことを熟知（悪意）していたとしても、登記簿上の所有者に対する処分は違法とはいえない（福岡地判昭和56年4月23日、福岡高判昭和56年8月24日）。

⑷　実在しない不動産について

　ある土地・家屋について登記簿が存在していても、それに対応する土地・家屋が実在しない場合は、固定資産税の納税義務は発生しない。

　したがって、そのような場合は、たとえ登記簿上の所有名義人であっても、その者に課税することはできない。

　これは、台帳課税主義とはいっても、存在する土地・家屋についての納税義務者を認定する際の規定であり、新たな課税客体や納税義務を生み出すものではないからである。

3 売買契約と台帳課税主義

■【ケース2−3】

令和3年3月10日に土地がAからBに売買され、所有権移転登記がなされました。

AとBが合意して、令和3年度の固定資産税についてBが納税義務を負うという申出があった場合は、Bを納税義務者として受け入れてよいですか。

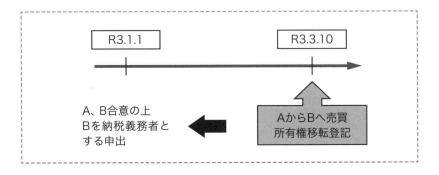

(1) 当事者の合意による納税義務者の変更の可否

台帳課税主義の下においては、あくまで登記簿上の所有者が納税義務者であり、当事者の合意によって固定資産税の納税義務者を変更することはできない。

したがって、賦課期日である令和3年1月1日時点の登記簿上の所有名義人Aが納税義務者であり、Bを納税義務者として受け入れることはできない。

(2) 売買契約と税負担

なお、売買契約において、当事者間の契約により、固定資産税の実質上の負担者を取り決めることはよく行われる。

　たとえば、5月1日に引渡しを完了し、売主において当該年度第1期（4月）の納税を完了しているような場合、買主の負担区分を当該物件の引渡し日とすることがある。

　しかし、売買当事者間で固定資産税の実質上の負担者をどのように取り決めたとしても、当該年度分の固定資産税の納税義務者はあくまで、賦課期日現在における登記簿上の所有者であり、同人がその年度分の固定資産税全額の納税義務者となる。したがって、売主が全額の固定資産税を納付することになる。

　なお、固定資産税の納期を年4期（4月、7月、12月、2月）に分けているのは、納税者の便宜を考慮して、一時に多額な税負担を求めることをせず、円滑な納税を確保しようとする趣旨に基づくものである。

　そのため、売買当事者間での取り決めを実現するために、年度途中で所有権を取得した買主が、取り決めた負担分を売主に支払うという方法により精算をするのが実際である。

4 土地・家屋課税台帳と土地・家屋補充課税台帳

■【ケース2－4】

　土地課税台帳と土地補充課税台帳の区別がよく分かりません。何が違うのでしょうか。

(1) 台帳の意義

ア 固定資産課税台帳とは

　「固定資産課税台帳」とは、土地課税台帳、土地補充課税台帳、家屋課税台帳、家屋補充課税台帳及び償却資産課税台帳を総称したものと定義されている（法341条9号）。

イ 固定資産課税台帳の縦覧制度等

(ア) 縦覧制度

　市町村長は、毎年3月31日までに、次の事項を記載した土地価格等縦覧帳簿及び家屋価格等縦覧帳簿を作成し（法415条）、毎年4月1日から、4月20日又は当該年度の最初の納期限の日のいずれか遅い日以後の日までの間、当該帳簿を当該市町村内に所在する土地、家屋に対して課する固定資産税の納税者の縦覧に供しなければならない（法416条1項・2項）。

　① 土地価格等縦覧帳簿の場合

　　所在、地番、地目、地積、価格

　② 家屋価格等縦覧帳簿の場合

　　所在、家屋番号、種類、構造、床面積、価格

　この縦覧の場所及び期間はあらかじめ公示しなければならない（法416条3項）。

　このように縦覧に供するのは、納税者が、他の土地や家屋の評価額との比較を通じて、自分の固定資産の評価額が適正かどうかを判断で

きるようにするためである。

　なお、固定資産課税台帳とは別に新たに縦覧帳簿を作成することとされているのは、固定資産課税台帳には、課税標準額や所有者名等の記載があるからである。

　㋑　閲覧制度

　市町村長は、納税義務者その他の者（借地・借家人、固定資産の処分をする権利を有する一定の者及びこれらの代理人）の求めに応じ、固定資産課税台帳のうち、これらの者に係る固定資産に関する事項が記載されている部分を、これらの者に供しなければならない（法382条の2）。

　なお、固定資産課税台帳の登録事項と同一の事項が記載されている場合に限り、固定資産課税台帳に代えて、名寄帳を当該納税義務者及びその代理人の閲覧に供することができる（法387条3項・4項）。

　㋒　固定資産課税台帳記載事項の証明制度

　市町村長は、固定資産課税台帳を閲覧することができる者等の請求があったときは、固定資産課税台帳の記載事項の証明書を交付しなければならない（法382条の3）。

　ウ　台帳課税主義における台帳とは

　ところが、台帳課税主義によって所有者を判断する際の登記簿等（すなわち台帳）とは、以下のものを意味する（法343条2項前段、同条3項）。

　①　登記簿

　②　土地補充課税台帳

　③　家屋補充課税台帳

　④　償却資産課税台帳

　ここで注意が必要なのは、土地課税台帳（法381条1項）及び家屋課税台帳（法381条3項）は、上記①～④には含まれていないという点である。

すなわち、台帳課税主義とは、登記簿に登記されている土地又は家屋については、登記簿で判断され（上記①）、登記簿に登記されていない土地又は家屋については「土地補充課税台帳」（法381条2項）又は「家屋補充課税台帳」（法381条4項）で判断される（上記②・③）ということである（「補充」という文言の有無が重要である）。

(2)　土地課税台帳及び家屋課税台帳について

　登記所は、土地又は建物の表示又は権利関係の異動に関する登記をしたときは、10日以内に、その旨を当該土地又は家屋の所在地の市町村長に通知しなければならない（法382条1項・2項）。

　そして、市町村長は、この通知を受けた場合には、遅滞なく、当該土地又は家屋についての異動を土地課税台帳又は家屋課税台帳に記載しなければならない（法382条3項）。

　こうして、土地登記簿又は建物登記簿の表示又は所有者と、土地課税台帳又は家屋課税台帳の表示又は所有者とは一致することになる。

　この点、登記簿に記載されている事項が、事実と相違することを認めたときであっても、土地課税台帳又は家屋課税台帳に登記簿と異なる記載をすることはできない（法381条1項・3項）。したがって、土地課税台帳又は家屋課税台帳には、登記簿に記載されている所有者や住所等を登録することになる。

　もっとも、市町村長は、登記簿上の住所が事実と異なるため課税上の支障があるときは、当該土地・家屋の管轄登記所に対して、その修正の申出をすることができる（法381条7項）。これにより変更登記がなされた後で、土地課税台帳又は家屋課税台帳を訂正することになる。この場合であっても、変更登記がなされる以前の1月1日現在の登記簿上の所有名義人になされた賦課は、仮に事実と異なっていたとしても、台帳課税主義により何ら違法ではない（広島高裁岡山支部昭和29年7月9日判決）。

　なお、自治体によっては、「土地家屋（補充）課税台帳」という書式を用いる運用もあるとみられる。この点、土地課税台帳及び家屋課税台帳は、登記簿に登記されている土地・家屋について法381条1項・3項に規定する事項を登録した帳簿をいい（法341条10号・12号）、土地補充課税台帳及び家屋補充課税台帳は、登記簿に登記されていない土地・家屋について、法381条2項・4項に規定する事項を登録した帳簿をいうから（法341条11号・13号）、登記簿に登記されている土地又は家屋については、この書式は土地課税台帳又は家屋課税台帳の意味と捉えられる。したがって、登記簿に登記されている土地・家屋については、登記簿と無関係にこの書式上の所有者を変更することは予定されていない。

(3)　土地補充課税台帳及び家屋補充課税台帳について

　土地補充課税台帳又は家屋補充課税台帳は、上記のとおり、登記簿に登記されていない土地又は家屋について、その所有者の住所、氏名、その所在、価格等を登録した帳簿である（法341条11号・13号）。

　土地補充課税台帳又は家屋補充課税台帳の所有者の変更は、売買契約書や旧所有者の印鑑証明書が添付された所有者変更の申請書等、所有権移転を証する書面により所有者を認定して行う。また、新築家屋の場合は、建築請負契約書、建築確認通知書、建物引渡書、検査済証書等により、その権利関係を確認した上で、所有者の認定を行う。

5 未登記の土地・家屋（土地・家屋補充課税台帳）について

■【ケース2-5】

> 登記簿に登記されていない建物について、令和3年1月1日現在の家屋補充課税台帳に所有者としてAが登録されていたため、Aに課税しました。
>
> ところが、令和3年1月1日時点の当該家屋の所有者はAではなく、家屋補充課税台帳の記載は誤りであったことが判明しました。
>
> この場合、Aへの課税は誤りであったことから、賦課を取り消すべきでしょうか。
>
> また、真実の所有者に課税はできるのでしょうか。

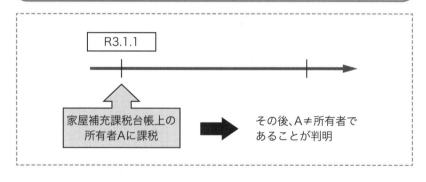

　土地補充課税台帳又は家屋補充課税台帳は、登記簿に登記されていない土地又は家屋について、その所有者の住所、氏名、その所在、価格等を登録した帳簿である（法341条11号・13号）。市町村長は、登記簿に登記されていない土地又は建物について、所有者の氏名又は名称等を登録する（法381条2項・4項）。この場合、賦課期日現在におけるその土地又は家屋の現実の所有者が登録されなければならないと解され、現実の所有者が課税台帳上の所有者となる[1]。この点、登記

1　固定資産税務研究会編『固定資産税逐条解説』（地方財務協会、2010年）

簿に登録されている土地又は家屋については、上述のとおり現実の所有者如何に関わりなく登記簿上の所有者が納税義務者となるため、この違いに留意が必要である。

　したがって、土地補充課税台帳又は家屋補充課税台帳における所有者の認定に誤りがあれば、法417条1項に基づき土地補充課税台帳又は家屋補充課税台帳を修正し、また既になされた賦課の取消し、還付等の手続をとらなければならない。

　また、真実の所有者は、たとえ賦課期日現在において土地補充課税台帳又は家屋補充課税台帳に未登録であったとしても、賦課期日における真実の所有者である以上、納税義務者となる。

　もっとも、土地・家屋補充課税台帳の登録事項は関係者の縦覧に供しなければならず（法416条）、また登録事項の修正が縦覧期間経過後になされた場合には、市町村長は遅滞なく、その旨被登録者へ通知しなければならない（法417条）。したがって、真の所有者に対してこのような通知を怠った場合、その課税処分には無効事由または取消事由が存在することになる。

　この点、未登記建物について、家屋補充課税台帳に登録された所有者が誤っていた事案において、裁判所は次のように判示している。「未登記家屋の固定資産税の納税義務者は原則として賦課期日現在において固定資産課税台帳の一たる家屋補充課税台帳に所有者として登録されている者であるが（法343条）、その後登録されている者が真実の所有者でないことが明らかになれば登録は改められ、後に修正登録された真実の所有者はたとえ賦課期日現在において未登録であったとしても賦課期日現在において登録されるべきであった者として納税義務者となることは言うまでもないところである。しかしながら、右家屋補充課税台帳の登録事項は関係者の縦覧に供しなければならず（法416条）、また本件における場合のように登録事項の修正が縦覧期間経過後になされた場合には市町村長はその旨被登録者へ通知しなけれ

ばならず（法417条）、右縦覧といい、通知といい、いずれも固定資産税にかかる固定資産についての固定資産課税台帳登録事項に関し納税者に対し不服申立の途を開いたものであって（法432条参照）課税の前提要件をなすものと解するのが相当である。したがって仮に原告が真の納税義務者であったとしても、前記のように家屋補充課税台帳の登録替をしただけで右通知手続の履践を怠った本件固定資産税の課税手続には重大な違法があるから取消を免れ得ず、また固定資産税の課税を前提とする都市計画税の課税も当然に取消されるべきこととなる。」（金沢地裁昭和45年11月6日判決）。

6 賦課期日における未登記建物が、賦課決定処分時までに登記された場合

■【ケース2−6】

令和元年12月7日にＡが家屋を新築し、その所有権を取得しました。

令和2年1月1日の時点で、その家屋の登記はされておらず、家屋補充課税台帳に登録もされていませんでした。

令和2年10月8日、その家屋について所有者をＡとして、令和元年12月7日新築を原因とする登記が行われました。

そこで、令和2年12月1日、その家屋について令和2年度の家屋課税台帳に所有者をＡとして登録を行い、Ａに対し、令和2年度の固定資産税の賦課決定処分をしました。この賦課決定処分は適法でしょうか。

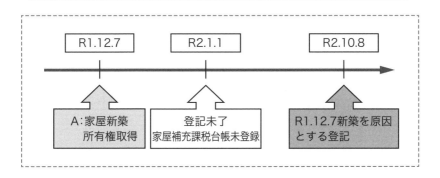

法343条2項前段は、「所有者とは土地又は家屋については登記簿又は土地補充課税台帳、もしくは家屋補充台帳に所有者として登記または登録されている者をいう」と規定している。この規定には、所有者として課税するためには、いつの時点で登記または登録されている必要があるのかについては書かれていない。そのため、従前2つの説があり、ひとつは消極説と呼ばれるもので、賦課期日に課税台帳等に登録されている場合に限って固定資産税を賦課できるとする見解であ

り、もうひとつは積極説と呼ばれ、賦課期日に課税台帳等に登録がされていなくても、賦課決定処分時までに登録されていれば課税できるという見解である。従来、課税実務はこの問題について納税義務を認める積極説に基づく運用がされてきたが、最高裁が明示的に判断を下していない状況であった。

　このような中、本件と同様のケースで、最高裁は次のように判示した。「固定資産税を賦課する段階において、登記簿又は家屋補充課税台帳の記載を基準として所有者を判定すれば足りるのであり、所有者判定の基準としての登記名義人課税の原則が、賦課期日現在において存在する新築家屋について、賦課期日時点で未登記の場合に固定資産税の納税義務を誰も負わないとの趣旨を含むものとまで解することはできない」、「法は、固定資産税の納税義務の帰属につき、固定資産の所有という概念を基礎とした上で、これを確定するための課税技術上の規律として、登記簿または補充課税台帳に所有者として登記又は登録されている者が固定資産税の納税義務を負うものと定める一方で、その登記又は登録がされるべき時期につき、特に定めを置いていないことからすれば、その登記又は登録は賦課期日の時点において具備されていることを要するものではないと解される」、「以上によれば、土地又は家屋につき、賦課期日の時点において登記簿又は補充課税台帳に登記又は登録がされていない場合において、賦課決定処分時までに賦課期日現在の所有者として登記又は登録されている者は、当該賦課期日に係る年度における固定資産税の納税義務を負うものと解するのが相当である」（最高裁平成26年9月25日判決）。

　このように最高裁は、実務で採られてきた積極説、すなわち賦課決定処分時までに、賦課期日現在の所有者として登記または登録されていれば課税できるという見解を採ることを明らかにした。

　これは、仮に賦課期日の時点で登記されていなければ課税できないとすると、賦課期日の時点で真の所有者であっても、登記申請を意図

的に遅らせることで租税回避が可能になるという不都合が生じてしまうため、それを回避するという実質的な妥当性も考慮したものと考えられる。なお、あくまで、「賦課期日現在の所有者として」登記または登録されている必要がある点には注意が必要である。本件では、令和2年度分の賦課決定処分時までに、令和元年12月7日新築を原因とする登記がなされており、賦課期日である令和2年1月1日現在の所有者として登記された事案である。

■【ケース2－7】

　令和3年1月1日の償却資産課税台帳に所有者をAとする登録がなされていたところ、その後、当該償却資産は実はAのものではなかったことが判明しました。

　市町村長は、職権で所有者の訂正をすることができますか。

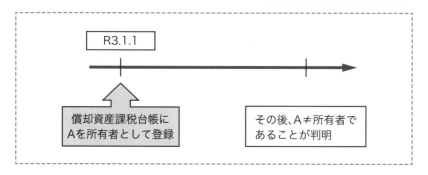

　償却資産については、償却資産課税台帳に所有者として登録されている者を所有者として課税する（法343条1項・3項）。

　償却資産については、土地や家屋の場合における登記簿に相当するものはない。そのため、固定資産税の納税義務がある償却資産の所有者は、毎年1月1日現在における当該償却資産について、償却資産課税台帳の登録に必要な事項（法381条5項）を、1月31日までに当該償却資産の所在地の市町村長に申告しなければならない（法383条1項）。

　このような償却資産は、償却資産の真実の所有者が申告することが予定され、償却資産課税台帳に登録された所有者が真実の所有者に合致することを前提としている。

　したがって、納税義務者は賦課期日現在における当該償却資産の現実の所有者である。このように、現実の所有者が納税義務者である点

は、土地補充課税台帳及び家屋補充課税台帳の場合と同様である。

　そのため、登録事項が真実に反することが判明した場合、市町村長は職権でその訂正ができるものと解されている。

　また、所有者が申告をしていない場合は、市町村長は職権で所用事項を償却資産課税台帳に登録することができると解される（広島高判昭和44年12月16日）。

8 仮登記と台帳課税主義

■【ケース2−8】

　Aが所有する土地につき、令和1年11月22日にBが代物弁済契約による仮登記を行いました。令和2年4月25日にAからCに所有権移転登記の本登記がなされ、令和2年6月20日にBが上記代物弁済による所有権移転の本登記を行いました。Cは現在に至っても本登記抹消の手続をとっていません。

　この場合、令和2年度及び令和3年度の固定資産税は、それぞれ誰に課税すべきでしょうか。

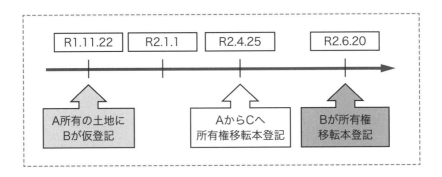

(1)　仮登記の名義人について

　仮登記は、本登記の順位保全の効力を有するだけであり、それに基づいた本登記がなされない限り、仮登記のままでは登記簿上の所有権移転のような物権変動の対抗力を生ずるものではない。

　したがって、登記簿上所有権の移転がなされたとはいえないため、「登記簿に所有者として登記されている者」（法343条2項前段）とはいえない。

　もっとも、所有権移転の仮登記に基づく本登記がなされたときには、所有権移転の対抗力が生じ、本登記の順位は当該仮登記の順位による

ことになる（不動産登記法106条）。

(2)　本ケースの令和2年度の納税義務者

　令和2年1月1日時点においては、未だBの仮登記しか行われていない。

　上記のとおり、仮登記のままでは所有者とはいえないから、令和2年1月1日現在の登記簿上の所有者はAである。

　したがって、Aが納税義務者となる。

(3)　本ケースの令和3年度の納税義務者

　令和2年4月25日にAからCに所有権移転登記の本登記がなされてはいるが、それより前の令和1年11月22日にBが所有権移転の仮登記を行い、その後令和2年6月20日にBの本登記がなされている。

　したがって、CよりBが先順位となり（不動産登記法106条）、Bが令和3年1月1日現在の登記簿上の所有名義人となる。

　よって、Bが納税義務者となる。

9 譲渡担保・所有権留保と台帳課税主義

【ケース2−9】

　Aは令和2年10月30日にBから金銭を借入れ、その担保としてAの所有する土地をBに対して譲渡担保として差し入れ、登記移転をしました。

　令和3年度の納税義務者はAでしょうか、それともBでしょうか。

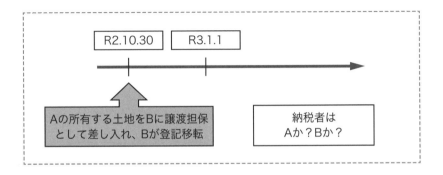

(1) 譲渡担保と台帳課税主義

　譲渡担保とは、債務の担保として、担保の目的物の所有権を形式上債権者に移転させ、一定の期間内に返済すればその所有権を返還するという担保方法である。

　このように、譲渡担保は、形式上所有権を移転させるもので、登記簿上の所有者名義も移転する。本ケースでも、登記簿上の名義はAからBに移転している。

　この点、固定資産税は、賦課期日である1月1日現在の登記簿上の所有名義人に課税される（法343条2項前段）。

　したがって、令和3年1月1日における登記簿上の所有名義人Bが納税義務者である。

(2)　所有権留保と台帳課税主義

　所有権留保とは、たとえば割賦販売において、売主が売買代金を担保するため、代金が完済されるまで引渡しの終えた目的物の所有権を売主に留保するものであり、売買契約中の特約により行われる。

　この場合、代金が完済されるまでの間、登記簿上の所有名義人は売主に留保されるため、台帳課税主義により、その間の固定資産税の納税義務者は売主である。

10 破産と台帳課税主義

■【ケース2－10】

　土地の所有者Aに対して、令和2年12月18日に裁判所から破産手続の開始決定が出されました。令和3年1月15日時点で未だ当該土地は換価されていません。

　令和3年度の固定資産税の納税義務者は誰ですか。

　また、納税通知書は誰に送ればいいですか。

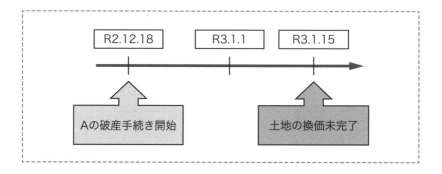

(1)　破産した場合の納税義務者

　破産手続の開始決定により、開始決定当時に破産者に属した財産は破産財団に組み込まれ、その管理処分権は破産管財人に移る（破産法34条、78条1項）。

　もっとも、破産財団に組み込まれても、破産管財人が当該不動産を換価処分して登記名義人を変更しない限り、登記簿上の所有者は依然として破産者名義のままである。

　したがって、台帳課税主義により、納税義務者は破産者Aである。

(2)　納税通知書の送付先

　納税者は破産手続開始決定を受けると同時に破産財団に関する管理

処分権を失うことになり、その管理処分権は破産管財人に移ることに
なる。

　この場合、納税義務者は破産者であっても、納税通知書等の送付は
破産管財人宛にするのが適当と解されている。もっとも、破産者に送
付しても問題はない。

　また、破産手続開始決定があった場合は、破産財団に属する財産に
対して新たな滞納処分をすることはできない（破産法43条1項）。し
たがって、この場合は交付要求によって租税債権の満足を図ることに
なる（国税徴収法82条1項、破産法151条、114条1号）。

11 台帳課税主義の原則を適用した場合の真の所有者との利益調整

■【ケース2-11】

令和2年12月3日に土地がAからBに売買されましたが、所有権移転登記がなされたのは令和3年1月15日でした。

台帳課税主義により令和3年度の固定資産税がAに課されました。

本来は令和3年1月1日時点の実質的な所有者であるBが固定資産税を負担すべきと思えるため、AはBに対して令和3年度分の固定資産税相当額を請求できますか。

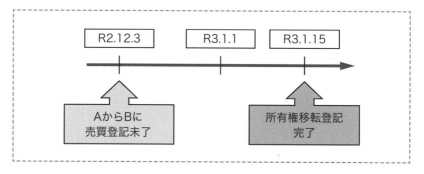

上述のとおり、台帳課税主義の原則が適用されると、納税義務者が私法上の所有者（真の所有者）と異なる場面が生じ得る。その結果、私法上の所有者（真の所有者）ではない者が固定資産税を納付することになる。

では、真の所有者ではないのに納税をした者は、真の所有者に対して、自己が納付した固定資産税相当額を支払うよう請求できるのであろうか。

この点、最高裁昭和47年1月25日 第三小法廷判決は、次の旨判示して、真の所有者に対する請求権を認めている。「真実は不動産の所有者でない者が、登記簿上その所有者として登記されているために、

右不動産に対する固定資産税を課せられ、これを納付した場合には、右所有名義人は、真の所有者に対し、不当利得として、右納付税額に相当する金員の返還を請求することができる。」

　このように、課税庁との関係では、台帳に記載されている者は納付義務を免れないが（台帳課税主義）、私法上の関係では、真の所有者ではないのに納税した者は、真の所有者に対して不当利得返還請求ができる。これにより、真の所有者との利益調整が図られることになる。

12 台帳課税主義の例外：「現に所有している者」 （法343条2項後段）～相続の基礎知識～

■【ケース2－12】

賦課期日前に土地の所有者が死亡しました。同人には配偶者と子2人（うち1人には配偶者がいます）、および父母がいますが、相続を原因とする所有権移転登記は賦課期日現在においてなされていません。このような場合、誰を納税義務者と認定すればよいですか。

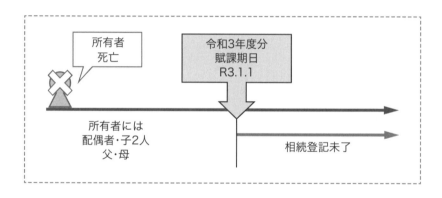

(1) 法343条2項後段

ア 台帳課税主義の例外規定

地方税法343条2項後段は、上記の台帳課税主義の原則を受けて、次のように台帳課税主義の例外を規定している。

「この場合において、所有者として登記又は登録がされている個人が賦課期日前に死亡しているとき、若しくは所有者として登記又は登録がされている法人が同日前に消滅しているとき、又は所有者として登記されている第348条第1項の者が同日前に所有者でなくなっているときは、同日において当該土地又は家屋を現に所有している者をい

うものとする。」

　この台帳課税主義の例外について、相続に関連する部分を抜き出すと、「所有者として登記又は登録がされている個人が賦課期日前に死亡しているとき」は「同日において当該土地又は家屋を現に所有している者をいうものとする。」となる。

　つまり、台帳上の所有名義人が「賦課期日前」に「死亡」した場合は、「賦課期日において現に所有している者」が納税義務者になるということである。

イ 「現に所有している者」とは

　上記の「現に所有している者」とは、相続その他の事由に基づき民法その他の規定により当該固定資産を現に所有している者をいう[1]。

　したがって、賦課期日前に登記名義上の所有者が死亡している場合は、私法上の所有者に課税することとなる。この場合の私法上の所有者は、一般には当該土地又は家屋を相続し所有者となっている者の場合が多いと思われるが、売買等その他の事由によって、現実の所有者になっている者も当然に含まれる。

　要するに、賦課期日において登記簿等に所有者として登録されている者に課税するのが原則であるが（台帳課税主義）、賦課期日前にその者が死亡している場合は台帳課税主義では納税義務者が特定できないため、私法上の所有者に課税せざるを得ないということである。

ウ 「死亡」とは

　この場合の「死亡」には、いわゆる死亡のほかに、家庭裁判所における失踪宣告（民法30条）により、死亡の効果が発生したもの（同法31条）も含む。

1　昭和27年10月9日自税市発第30号自治庁市町村税課長回答

(2) 相続が発生した場合における「現に所有している者」（相続の知識）

　上記のとおり、賦課期日前に台帳上の所有名義人が死亡している場合、つまり賦課期日前に相続が発生している場合は、「現に所有している者」に課税することとなる。

　そして、上述のとおり、「現に所有している者」とは私法上の所有者のことであるから、相続が発生した場合における「現に所有している者」とは誰かを判断するには、私法上の相続に関する知識が必要となる。そこで、以下では、納税義務者を判断する上で必要な相続の知識について解説する。

ア　法定相続人の範囲

　民法は、相続人の範囲を規定している（法定相続人）。民法における相続人の範囲を確定するルールは次のとおりである。

ルール1：配偶者は常に相続人になる（民法890条）。

ルール2：配偶者以外の相続人は、次の順位に従って、上位の者が相続人になる（民法887条1項、889条1項）。
　　① 子
　　② 直系尊属（父母、祖父母、曾祖父母…）
　　③ 兄弟姉妹
　　　たとえば、子がいる場合、配偶者と子だけが相続人となり、父母や兄弟姉妹は相続人にはなれない。また、子がいない場合で父母が生存している場合は、父母が相続人となり、兄弟姉妹は相続人にはなれない。

ルール3：子が、相続の開始以前に死亡したときは、その者の子がこれを代襲して相続人となる（子の子も、そのさらに子も、その後も同じ）。したがって、子が死亡しているときは孫、孫も死亡しているときはひ孫が第1順位の相続人となる（代襲相続（民法887条2項・3項））。

ルール4：兄弟姉妹が、相続の開始以前に死亡したときは、その子が代襲して相続人となる。もっとも、兄弟姉妹の子が死亡していた場合に

まで代襲相続はしない。したがって、兄弟姉妹が死亡しているときは甥、姪が第3順位の相続人になるが、甥、姪が死亡していても、甥、姪の子は相続人にはならない（代襲相続は甥、姪まで（民法887条2項）。

以上のルールを次の事例に適用すると、相続人は次のとおりとなる。

(ア) 配偶者、子1人存命、亡くなっている子1人に子（孫）が1人いるケース

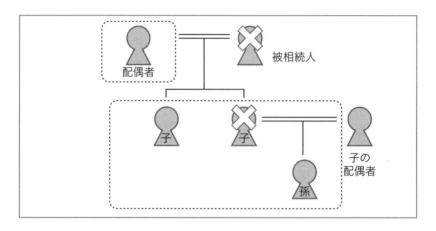

ルール1により、配偶者は相続人

ルール2により、子は相続人。なお、仮に親や兄弟がいても相続人にはならない（ルール2）。

ルール3により、孫も相続人。

なお、子の配偶者は相続人ではない。

以上から、相続人は、配偶者、子、孫の3人となる。

（イ） 子と父母がおらず、配偶者と兄と姉が1人ずついるケース

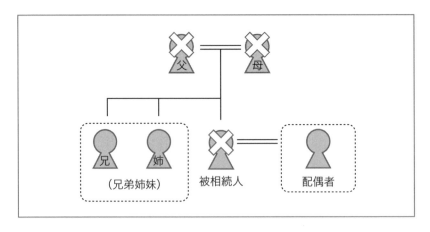

ルール1により、配偶者は相続人

ルール2により、兄と姉は相続人

以上から、相続人は配偶者、兄、姉の3人となる。

（ウ） 配偶者がおらず、子がいたが死亡（孫おらず）、父母も死亡、兄死亡（甥も死亡、又甥あり）、姉死亡（甥あり、姪死亡・又姪あり）、弟存命、妹死亡（甥二人あり）

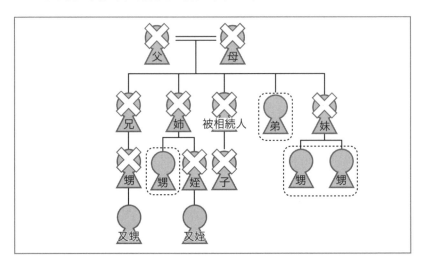

　ルール2及び4により、姉の子（甥）、弟、妹の子（甥二人）の4人が相続人となる。他方、兄の孫（又甥）及び姉の孫（又姪）は相続人にはならない（ルール4）。

イ　法定相続分

　民法は、上記(1)の相続人が、それぞれ相続する割合を規定している（法定相続分）。法定相続分は次のとおりである。

パターン1：相続人が配偶者と子（代襲者を含む）の場合
　　　　　　配偶者が2分の1、子も2分の1（民法900条1号）
パターン2：相続人が配偶者と直系尊属の場合
　　　　　　配偶者が3分の2、直系尊属が3分の1（民法900条2号）
パターン3：相続人が配偶者と兄弟姉妹（代襲者を含む）の場合
　　　　　　配偶者が4分の3、兄弟姉妹が4分の1（民法900条3号）

　なお、相続人が配偶者のみ、子のみ、直系尊属のみ、兄弟姉妹のみの場合は、当然ながらすべて（1分の1）を相続する。

　また、子、直系尊属又は兄弟姉妹が数人あるときは、各自の相続分は、相等しいものとなる（民法900条4号本文）。たとえば、子が2人の場合は、子の相続分をさらに2分の1ずつ分けることになる。したがって、相続人が配偶者と子2人の場合は、配偶者が2分の1（上記パターン1）、子が4分の1ずつとなる。

　ただし、父母の一方のみを同じくする兄弟姉妹の相続分は、父母の双方を同じくする兄弟姉妹の相続分の2分の1となる（民法900条4号但書）。つまり、兄弟姉妹が相続人になる場面で、①父母の双方が同じ兄弟姉妹と、②異母又は異父の兄弟姉妹がいる場合は、②の相続分は①の相続分の2分の1になるということである。たとえば、配偶者も子（代襲者を含む）も直系尊属もおらず、父母の双方を同じくする弟1名と、異母兄1名がいる場合は、父母を同じくする弟が3分の2、異母兄が3分の1を相続することになる。

　以上のパターンおよびルールを次の事例に適用すると、法定相続分

は次のとおりとなる。

　㋐　上記ケースと同じ場合

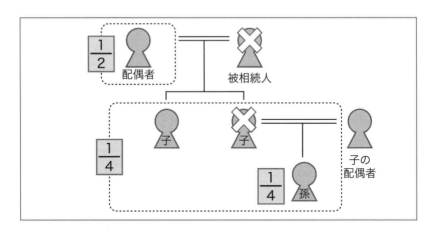

　上記パターン1であり、配偶者が2分の1、子が4分の1、孫が4分の1を相続する。

　㋑　子がおらず、配偶者と父母がいる場合

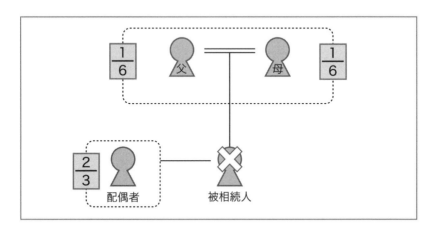

　上記パターン2であり、配偶者は3分の2、父は6分の1、母は6分の1を相続する。

㈡　子と父母がおらず、配偶者と兄と姉が1人ずついる場合

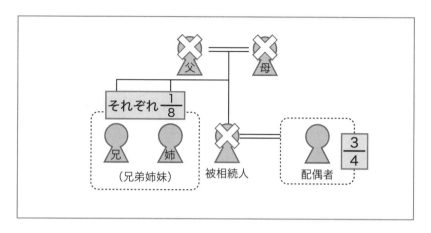

　上記パターン3であり、配偶者は4分の3、兄は8分の1、姉は8分の1を相続する。

㈢　配偶者がおらず、子がいたが死亡（孫おらず）、父母も死亡、異母兄死亡（甥も死亡、又甥あり）、異母姉死亡（甥あり、姪死亡・又姪あり）、同父母弟存命、同父母妹死亡（甥二人あり）

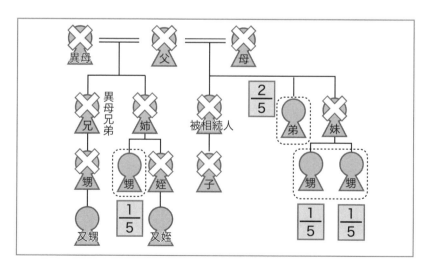

上記(2)**ア**(エ)のケースのとおり、相続人は、異母姉の子（甥）、同父母弟、同父母妹の子（甥二人）となる。

　上記解説のとおり、父母の一方のみを同じくする兄弟姉妹の相続分は、父母の双方を同じくする兄弟姉妹の相続分の2分の1となる（民法900条4号但書）。したがって、同父母弟と同父母妹（の代襲者）が5分の2ずつ、異母姉（の代襲者）が5分の1となる。

　同父母妹の相続分については、これを代襲者である同人の甥2人でさらに等分に分けることになるから（900条4号本文）、5分の1ずつとなる。

　以上から、異母姉の子（甥）が5分の1、同父母弟が5分の2、同父母妹の子（甥二人）がそれぞれ5分の1ずつとなる。

(3)　ケースの検討

　本ケースでは、台帳上の所有名義人が「賦課期日前」に「死亡」しているため、台帳課税主義の例外が適用される場面にあたり、「賦課期日において現に所有している者」が納税義務者となる（法343条2項後段）。

　そして、「現に所有している者」を把握すべく、相続人は誰かを検討すると、所有名義人には配偶者と子2人がいるから、相続人は配偶者と子2人である。

　なお、ここから先は、遺産分割が未了であるかどうかなどによって納税義務者が異なってくるため、第3章以降のケース検討に譲りたい。

13 台帳課税主義の原則事案と例外事案の区別のポイント

　以上のように、相続が絡むケースにおいては、台帳上の所有名義人が賦課期日「前」に死亡している場合は、「現に所有している者」が納税義務者となる。

　他方、台帳上の所有名義人が賦課期日「以後」に死亡した場合は、「賦課期日前に死亡」（法343条2項後段）にあたらず、台帳課税主義の原則が適用される場面であることに注意が必要である。この場合は、あくまで登記簿等上の所有名義人に納税義務が発生し、所有名義人に発生した納税義務が相続により承継されることになる（法9条）。

　このように、相続が絡む案件では、①まず、台帳課税主義の原則が適用されるケース（賦課期日後の死亡）なのか、それとも例外が適用されるケース（賦課期日前の死亡）なのかを判断した上で、②例外が適用されるケースの場合は「現に所有している者」が誰かを検討していくことになる。

発生した納税義務は誰が承継するのか

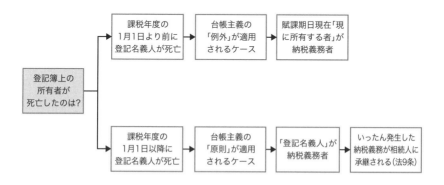

〈参考文献〉

・古郡寛『Q&A実践固定資産税～納税義務者編』（ぎょうせい、2015年）

・固定資産税務研究会編『固定資産税逐条解説』（地方財務協会、2010年）

・宮崎裕二『固定資産税の38のキホンと88の重要裁判例 多発する固定資産税の課税ミスにいかに対処するか！』（プログレス、2017年）

【加藤淳也】

固定資産評価額の0円表記と
所有権移転登記にかかる登録免許税の取り扱い

　登記記録では「宅地」と記録されているが、固定資産明細の現況は「公衆用道路」となっている場合には、評価額が「0円」と記載されていることがあります。

　また、土地にセットバック部分があり固定資産明細では評価がわかれた記載をされていることもあります。

　つまり、地方税法第348条第2項第5号乃至7号による公共の用に供する道路、運河用地及び水道用地、用悪水路、ため池、堤とう及び井溝並びに保安林に係る土地等の固定資産税が非課税となる土地が上記のような「0円」表記がされるものです。

　さて、法務局に所有権移転登記申請を行う際には、申請書に「課税価格（＝固定資産評価額）」という項目があり、これを元に所定の税率を乗じたうえで登録免許税を算出、納付します（登録免許税法9条・10条参照）。ここで、前記のような評価額が「0円」のときはどのように算定するのかという問題があります。登録免許税法では最低税額が1,000円と定められておりますが（同19条）、登記申請書に課税価格を0円、登録免許税を1,000円と記載することはできません。

　このような場合には、近くの土地の同種の評価額情報を取得（司法書士の業界では近傍地指定と呼んでいます。）して、評価額を地積で除算して算出した1㎡あたりの評価額に当該所有権移転登記を行う土地の地積を乗じた価格をその土地の評価額として取り扱います。

　ただ、このうち公衆用道路として評価額が「0円」となっているものについては、1㎡あたりの評価額に当該所有権移転登記を行う土地の地積を乗じたものにさらに100分の30を乗じたものをその土地の評価額として取り扱います。

　なお、近くの土地の同種の評価額情報を取得をする際は、その土地を管轄する法務局にお聞きいただき確認していただくか、またはその土地を管轄する自治体の固定資産税を取り扱う課等に近傍地の評価額を記載してもらったりします。

よって、固定資産税が「0円」で、評価額が「0円」だからといいましても、所有権移転登記の際には「タダ」で登記を受けることはできませんので、お気を付けください。

〔司法書士・行政書士　安井章人（司法書士法人やすい事務所）〕

第3章

遺言・遺産分割

1 遺言とは

(1) 導　入

　遺言は、抽象的にみれば、遺言者が生前になした相手方のない単独の意思表示について、遺言者の死後に効力を認め、その実現を確保するための制度である。遺言は、遺言者の終意を確保するため、遺言者がいつでも撤回できる（民法1022条）。

　遺言は、被相続人の意思を反映するものであり、被相続人の財産状況は千差万別であることから、遺言の内容も一義的ではない。すなわち、遺産の全てについてその帰趨を網羅している遺言もあれば、遺産の一部についてのみ触れられている遺言もある。また、遺言の内容についても、「遺産の△％を相続人Aに相続させる」といったような内容や、「遺産のうち、不動産は相続人Aに、預金は相続人Bに相続させる。」といった遺産分割方法を指定する内容のものもある。もっとも、実務上は「不動産αを相続人Aに相続させる」といったいわゆる相続させる旨の遺言（特定財産承継遺言：民法1014条2項）が用いられることが多い。

(2) 遺言の種類

　民法は偽造や変造の誘発を避けるため、要式行為とされている（民法960条、968条等）。

　民法は遺言の種類として、①自筆証書遺言（民法968条）、②公正証書遺言（民法969条）、③秘密証書遺言（民法970条）、④特別方式の遺言（民法976条〜984条）を定める。それぞれの特徴や相違点についての説明は相続法の解説書に譲るが、代表的な遺言は、①自筆証書遺言、②公正証書遺言であることから、本稿では断りの無い限り、単に遺言という言葉を用いた場合は①②を指すこととする。

　公正証書遺言の平成30年の件数は、11万471件である（出典：日

本公証人連合会ホームページ）。一方、自筆証書遺言の作成件数は不明だが、平成30年度の家庭裁判所での遺言書の検認事件数は1万7847件、令和元年度は1万8625件である（出典：最高裁判所 ［司法統計年報］）。両件数ともに年々増加傾向にある。

　遺言は、遺言者の意思を明確にするとともに、死亡後に相続人に無用な争いを生じさせないことを目的とする。そのため、公証人が本人の意思を確認したうえで作成する、公正証書遺言の方が多く利用されている。

　なお、令和2年7月10日から自筆証書遺言保管制度が開始された（法務局における遺言書の保管等に関する法律）。これまで、自筆証書遺言のデメリットとして、遺言者が遺言書を保管しなければならず、相続人への伝達がなされていないと紛失する可能性があることが挙げられていた。また、開封するには家庭裁判所の検認手続きが必要で、これを知らずに相続人が開封してしまうケースも散見された。自筆証書遺言保管制度を利用すると、法務局が遺言書を保管することになり、かつ、家庭裁判所の検認手続きも不要となる。もっとも、法務局は遺言の内容についての相談は受け付けないので、遺言の内容を構成する文章は遺言者が自身で考えなければならない点は、従来の自筆証書遺言と変わらない。

(3)　遺言の要件

　遺言には、遺言を作成した日を記載しなければならず、遺言者の署名押印が必要である（民法968条1項、969条）

　また、自筆証書遺言は、すべて自署によらなければならない（なお、平成31年1月13日作成分からは、財産目録についてはパソコンでの作成が認められている（民法968条2項））。

⑷ 遺言と固定資産税の納税義務承継者

　適式な遺言である場合は、地方税法9条2項により、遺言の内容が民法900条から民法902条のいずれに該当するかを判断する必要がある。

　後述のケース検討で述べるが、特定財産承継遺言（民法1014条2項）、すなわち、特定の遺産を特定の相続人に相続させる遺言や、すべての遺産を特定の相続人に相続させる遺言の中で、その承継させる遺産の価額の遺産総額に占める割合が受益相続人の法定相続分を超えているときは、相続分の指定が同時に行われているものと解されている。

2 遺産分割とは

(1) 遺産分割とは

　相続人が数人あるときは、相続財産は、その共有に属する（民法898条）。そして、遺産を相続人間で共有している状態を、一般に遺産共有という。遺産分割とは、遺産共有状態にある財産を各相続人がどのように取得するかを決める手続きをいう。相続人が複数存在するものの遺言が無い場合には、相続財産の帰趨を確定する方法として、一般にまず遺産分割の協議が行われる。

　前述の通り、遺産分割は、共有状態の解消を目的とすると説明されることもあるが、結果が必ず単独所有となるわけではなく、遺産分割の結果、不動産が相続人間で共有になるケースもある。

　一般に、遺産分割協議はまず相続人間において任意に行われる。任意の協議が奏功しない場合には家事調停が申し立てられ、家庭裁判所において協議される。そして、家事調停でも成立しない場合は、家事審判に移行し、最終的には裁判官が判断することになる。

　遺産分割に要する時間は、適法な遺言の有無、相続人の数、相続人同士の関係、遺産の種類、遺産の価値などによって異なる。親族間で長年培われた複雑な人間関係、相続財産の探索、所在不明者の探索などの要因が複雑にからみあい、解決までに数年を要するケースも珍しくない。

(2) 遺産分割が成立する前の権利関係

　物権法上の共有の法的性質については、共有説、合有説などの学説があるが、判例は、中間的な取扱いを前提とした共有と解されている。

　この点、遺産分割成立前の共有状態、いわゆる遺産共有の性質については、遺産分割が確定するまでは相続人間で共有物分割を請求することはできない（最判昭和62年9月4日、令和3年改正民法第258条

の2）など、遺産分割前の共有状態は物権法上の共有とはやや性質を異にするとされる。

被相続人が相続分の指定に関する遺言を残さずに死亡し、相続人が複数存在する状態で死亡後に賦課期日が到来した場合は、遺産としての不動産は相続人間の遺産共有状態となる。そして、当該不動産は地方税法10条の2の共有物に該当するため、各相続人が連帯納税義務を負う。これについては、後述のケース検討で触れる。

(3)　遺産分割が成立する場面

任意の遺産分割協議が成立すると、一般的には遺産分割協議書が作成される。遺産分割協議書の形式は法定されていないものの、相続人の真意に基づく合意であることを証するため、ほとんどのケースで実印が用いられる。相続を登記原因とする所有権移転登記の登記手続には、実印の押印と印鑑登録証明書の提出が必要となる。

調停が成立すると、家庭裁判所は調停調書を作成する。調停調書は、当事者の申請によって各相続人に正本が交付される。

家事審判手続においては、家庭裁判所が裁判するのに熟した時は、審判をする（家事事件手続法73条）。そして、審判は、審判書を作成しなければならない（家事事件手続法76条）。

審判に対して不服がある者は、即時抗告することができる（家事事件手続法198条1項1号）。そのため、遺産分割が確定したことを確認するためには、審判書のほかに、確定証明書が必要となる。

調停を経ずに最初から審判を申し立てることも可能である。もっとも、裁判官がまず話し合いによって解決を図る方がよいと判断した場合には、職権で調停に付される。

3 台帳課税主義の原則・納税義務の承継①
（遺言がない場合）

■【ケース3－1】

・令和3年1月10日に土地αの登記簿上の所有名義人Cが死亡。

・相続財産は土地αのみ。土地αの評価額は1000万円

・法定相続人は子Aと子Bの2名。

・令和3年度分の土地α分の固定資産税額は10万円

・遺言なし。

　この場合、令和3年度分の固定資産税の納税義務者は誰ですか。

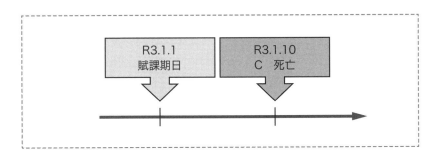

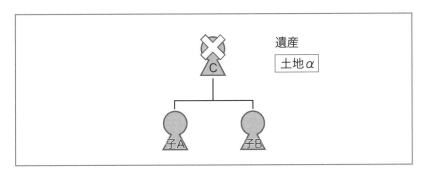

　固定資産税は賦課期日（地方税法（以下「法」という。）359条）
における所有者に課され（法343条1項）、所有者は登記簿等の台帳に
より判断されるから（台帳課税主義の原則（法343条2項前段））、賦
課期日である令和3年1月1日時点における台帳上の所有者、つまり
被相続人Cが納税義務者となる。

　したがって、令和3年1月1日現在の登記簿上の所有者はCだった
ことから、Cを納税義務者とする課税は適法である。そして、相続人
A及びBは、被相続人Cの納税義務を承継する（法9条1項）。

　相続人が複数存在する場合、各相続人が負担する納税義務の割合
をどのように考えるべきかについて、法9条2項は、民法900条から

同法902条の規定によるその相続分により按分して計算した額と定める。民法900条は法定相続分について、同法901条は代襲相続について定めるが、これらの考え方は第2章12を参照されたい。

　また，相続人のうちに、相続により得た積極財産の価額がその者の承継税額を超えている者があるときは、その相続人はその超える額を限度として他の相続人の承継税額について納付責任を有することになる（法9条3項）。

　ここでいう相続により得た積極財産の価額とは、遺産分割前であれば総遺産の価額に相続人の相続分（法定相続分、代襲相続分、指定相続分）を乗じた額であり、遺産分割が行われた後であれば、その遺産分割によって相続人が現実に得た財産の価額をいうと解されている。

　【ケース3-1】では、まず、法9条2項、民法900条により、子Aと子Bは10万円を法定相続分で按分した5万円についてそれぞれ納税義務を負う。

　もっとも、子A及び子Bは、法定相続分に従って、それぞれ500万円（1000万円×1／2）の積極財産を相続している。したがって、法9条3項によって、500万円のうち5万円を超えた495万円の限度で、他の相続人の承継税額について納付責任を負うことになるため、結果として、他の相続人が納税義務を負う5万円についても、納付責任を負うことになる。

　つまり、子Aは、法9条2項により5万円の納税義務を負い、さらに法9条3項により子B分の5万円についても納付責任を負うことになる。子Bも同様である。

4 台帳課税主義の原則・納税義務の承継②（遺言がある場合）

■【ケース3-2】

- 令和3年1月10日に土地αの登記簿上の所有名義人Cが死亡。
- 相続財産は土地αのみ。
- 法定相続人は子Aと子Bの2名。
- 令和3年度分の土地α分の固定資産税額は10万円
- 「土地αを子Aに相続させる」旨の遺言あり。

  この場合、令和3年度分の固定資産税納税義務者は誰ですか。

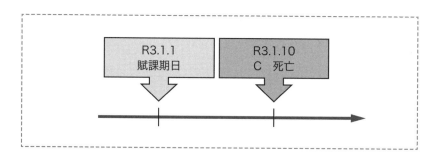

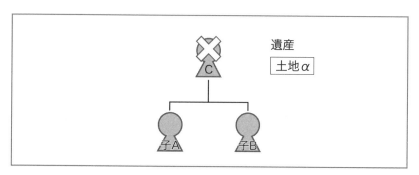

ア　遺言の存在

【ケース3－1】との違いは、被相続人Cが「土地aを子Aに相続させる」旨の遺言が存在する点である。法9条2項に定める民法902条の相続分の指定が問題になる。

民法902条の相続分の指定とは、被相続人が、被相続人の意思に基づき、共同相続人の全員または一部の者について、法定相続分の割合と異なった割合を定めることをいう。相続分の指定は、必ず遺言でなされなければならない。典型的には、「相続人○○に、相続財産の2/3を相続させる。」など、相続財産に対する分数的な割合で示される遺言をいう。

もっとも、判例によれば、特定財産承継遺言（民法1014条2項）、すなわち、特定の遺産を特定の相続人に相続させる遺言や、すべての遺産を特定の相続人に相続させる遺言の中で、その承継させる遺産の価額の遺産総額に占める割合が受益相続人の法定相続分を超えているときは、相続分の指定が同時におこなわれているものと解されている（最判平成3年4月19日、最判平成14年6月10日、最判平成21年3月24日）。

なお、適式な遺言が存在する場合でも、被相続人が遺言で遺産分割を禁じていない場合で、相続人全員が遺言の内容と異なることを知ったうえで分割に同意すれば（相続人以外の受遺者がいる場合にはその受遺者、遺言執行者がある場合には遺言執行者の同意も必要）、遺言と異なる遺産分割協議が可能となる。

イ　納税義務承継の面から

しかし、納税義務の承継の局面においては、民法900条から902条までの規定による相続分と異なる遺産分割が行われたとしても、各相続人の承継税額は、法9条2項の規定により定めることとなる。遺産分割がどのような形で行われようとも、それは地方団体の徴収金の承継には影響を及ぼさない。

【ケース3－2】の場合、指定相続分に関する上述ア、イの考え方によれば、子Aは遺産の100％について相続分の指定を受けたことになるから、被相続人Cの納税義務を承継するのはAということになる（法9条2項、民法902条）。

　なお、指定相続分の有無について相当の調査をしてもそれが確認できない場合、税額の収納または滞納処分等は、法定相続分により計算した額により行うが、指定相続分が判明した旨の申し出があったときは、その相続分より計算した額に承継税額を訂正する。この場合における承継税額の訂正は、既にした納税の告知、督促または納付等の効果にはなんら影響させないで、事後の処分についてだけ行う。

遺産分割と不動産の価値

　遺産分割では、遺産の価値が争われることが多々あります。

　特に、不動産や非上場会社の株式など、査定が困難な遺産については、各相続人が提示する金額に大きな隔たりが生じて、争いが激化する一つの要因になることも珍しくありません。

　不動産の場合、全相続人が売却する意向であれば、査定額が問題になることはありません。

　しかし、相続人の一人が当該不動産の100%の持分を取得し、他の相続人が代償金を取得するというケースでは、当該不動産を100%取得する相続人は価値が低くなればなるほど代償金が少なくて済みますし、代償金を取得する方の相続人は、価値が高くなればなるほど代償金を多く取得することができます。

　このように、不動産の価値が争われた場合に拠り所となる資料の1つとして、固定資産評価額が用いられることがあります。

　土地については、住宅地などの宅地は路線価などから導くことで一応の査定額を導くことが可能ですが、農地や林地は路線価が敷設されておらず、倍率地域の考え方も十分浸透しているとはいいがたいため、固定資産評価額が拠り所となることが多い印象です。

　建物については、予想される建物の価額をにらみつつ、相続人が不動産鑑定を実施するべきと判断すれば不動産鑑定を実施して評価しますが、相続人が不動産鑑定にコストをかけることを躊躇する場合には、固定資産評価額を拠り所にするケースが散見される印象です。

　もちろん、固定資産評価額が拠り所とされる場合であっても、それは全相続人が合意したうえでの話ですから、仮に固定資産評価額が実際の経済価値と相違していたとしても、地方団体は何ら責任を負いません。当然、審査申出のような制度もありません。

　このような固定資産評価の利用は、評価がやや独り歩きしているという側面は否めませんが、反面、広く市民・国民に役立っており、重要な公益ツールとしての役割を担っているという点は、異論がないところと思います。

〔伊藤定幸〕

5 台帳課税主義の例外・「現に所有している者」①　（遺産分割が成立した場合）

■【ケース3−3】

・令和3年1月10日に土地αの登記簿上の所有名義人Cが死亡。

・相続財産は土地αのみ。

・法定相続人は子Aと子Bの2名。

・遺言なし。

・令和3年9月1日、AB間で遺産分割協議が成立し、土地αはAが相続することで決定。

・令和4年1月1日時点で、土地αについてCからAへの所有権移転登記は未了。

　この場合、令和4年度分の固定資産税納税義務者は誰ですか。

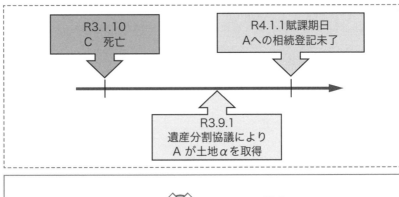

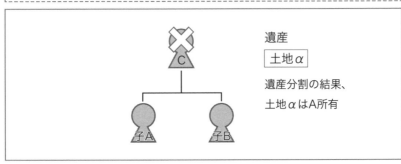

　【ケース2－1】では、「所有者として登記又は登録されている個人（被相続人C）が賦課期日（令和4年1月1日）前に死亡しているとき」に該当するため、台帳課税主義の例外（法343条2項後段）の適用場面となる。

　この点、令和3年9月1日に遺産分割協議が成立しているので、令和4年1月1日現在の土地αの所有者はAである。したがって、所有権移転登記は未了であるものの、令和4年1月1日現在の「現に所有している者」（法343条2項）はAであるから、Aが納税義務者となる。

　なお、令和3年中に登記が完了していれば、令和4年1月1日時点でAが登記されている者となるので、台帳課税主義の原則により（法343条2項前段）Aが納税義務者となる。

6 台帳課税主義の例外・「現に所有している者」②
（遺産分割未了・連帯納税義務）

■【ケース3−4】

- 令和3年1月10日に土地αの登記簿上の所有名義人Cが死亡。
- 相続財産は土地αのみ。
- 法定相続人は子Aと子Bの2名。
- 遺言なし。
- 令和4年1月1日時点で、遺産分割未了。

  この場合、令和4年度分の固定資産税納税義務者は誰ですか。

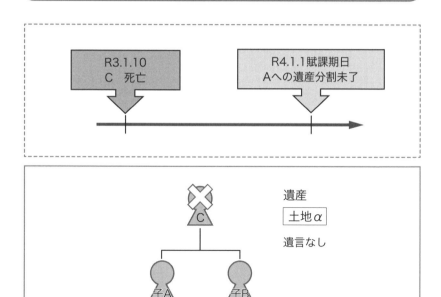

　令和3年1月10日に登記簿上の所有名義人Cが死亡しており、賦課期日である令和4年1月1日時点における登記簿上の所有名義人が「賦課期日前に死亡しているとき」（法343条2項後段）に該当する。したがって、台帳課税主義の例外の適用場面となり、賦課期日時点の「現に所有している者」（法343条2項後段）、つまり相続人が納税義務者となる。

　本ケースでは、令和4年1月1日時点で遺産分割未了のため、同日時点で土地 a はA・B共有状態である。

　そして、法10条以下では、共有者に対する連帯納税義務を定める。

地方税法
第10条　地方団体の徴収金を連帯して納付し、又は納入する義務については、民法第436条、第437条及び第441条から第445条までの規定を準用する。
第10条の2　共有物、共同使用物、共同事業、共同事業により生じた物件又は共同行為に対する地方団体の徴収金は、納税者が連帯して納付する義務を負う。
2　共有物、共同使用物、共同事業又は共同行為に係る地方団体の徴収金は、特別徴収義務者である共有者、共同使用者、共同事業者又は共同行為者が連帯して納入する義務を負う。
3　事業の法律上の経営者が単なる名義人であつて、当該経営者の親族その他当該経営者と特殊の関係のある個人で政令で定めるもの（以下本項において「親族等」という。）が事実上当該事業を経営していると認められる場合においては、前項の規定の適用については、当該経営者と当該親族等とは、共同事業者とみなす。

　法10条は、民法の条文を準用すると定めるが、準用されている条文は、いずれも「連帯債務」に関する条文である。

　連帯債務とは、数人の債務者が同一内容の可分給付につき各々独立して全部の給付をすべき債務を負担し、しかも、そのうちの一人が全部の給付をすれば債権は満足させられて消滅し、その結果全ての債務者は、債権者との関係では債務を免れる多数当事者の債務である。以

下、本稿では、地方税法が準用する民法の条文のうち、特に重要なものを取り上げる。

民法

第436条 債務の目的がその性質上可分である場合において、法令の規定又は当事者の意思表示によって数人が連帯して債務を負担するときは、債権者は、その連帯債務者の一人に対し、又は同時に若しくは順次に全ての連帯債務者に対し、全部又は一部の履行を請求することができる。

これにより、債権者は連帯債務者の1人に対して全額を請求することもできるし、全員に対して同時に全額を請求することもできる。

連帯債務は、地方税以外の場面では共働き世帯が住宅ローンを組む場合などで利用されることがある。

では、連帯債務者の1人が全額を支払った場合は、連帯債務者間の規律はどうするのか、これを定めたのが法10条で引用されている民法442条である。

民法

第442条 連帯債務者の一人が弁済をし、その他自己の財産をもって共同の免責を得たときは、その連帯債務者は、その免責を得た額が自己の負担部分を超えるかどうかにかかわらず、他の連帯債務者に対し、その免責を得るために支出した財産の額（その財産の額が共同の免責を得た額を超える場合にあっては、その免責を得た額）のうち各自の負担部分に応じた額の求償権を有する。

2 前項の規定による求償は、弁済その他免責があった日以後の法定利息及び避けることができなかった費用その他の損害の賠償を包含する。

連帯債務者の1人が債権者に債務全額を支払った場合、その連帯債務者は他の連帯債務者に対して、負担部分に応じた額を請求することができる。この時の連帯債務者間の請求を「求償」という。

このように、法10条が民法442条を準用しているために、共有不動

産における共有者間の納税負担の調整は、共有者同士で行うこととなり、地方団体は納税者間の税負担の調整には関与しないことになる。

　そのほか、特に留意すべき事項としては、令和2年4月1日施行の債権法改正によって、改正前民法434条では「履行の請求」が絶対効（他の債務者にも影響を及ぼす）とされていたが、同条が削除されたことによって、相対効（他の債務者には影響を及ぼさない）に改正された点があげられる。この改正により、連帯納税義務を負担する複数の納税者がいずれも滞納しているケースで、改正前は滞納者の1人に対する督促は他の滞納者に対しても効力を有し時効が中断したが、改正後は他の滞納者には効力を有しないこととなった。なお、令和2年4月1日よりも前に賦課期日が到来したものについては改正前民法が、それ以後に賦課期日が到来したものには、改正後民法が適用される。

　本ケースでは、令和4年1月1日現在、土地 a は A・B の共有物である。そのため、A・B は令和4年度分固定資産税について連帯納税義務を負う。地方団体は、令和4年度分固定資産税全額を A・B のいずれか一方に請求することもできるし、A・B それぞれに全額を請求することもできる。

■【ケース3−5】

・令和3年1月10日に土地αの登記簿上の所有名義人Cが死亡。

・相続財産は土地αのみ。

・法定相続人は子Aと子Bの2名。

・遺言なし。

・令和5年12月1日、ようやく遺産分割成立

・遺産分割の結果、土地αはAが所有することで決定した。

　この場合、令和4年度分、5年度分、6年度分それぞれの固定資産税納税義務者は誰ですか。

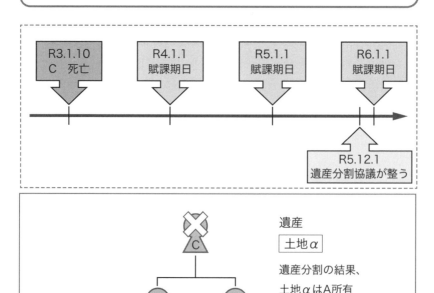

ア　固定資産税における遡及効の扱い

　民法909条は、「遺産の分割は、相続開始の時にさかのぼってその効力を生ずる。ただし、第三者の権利を害することはできない。」と定める。それゆえ、固定資産税の納税義務者も、遺産分割完了後、相続開始時に遡って決定するようにも見える。

　しかし、固定資産税を課税する局面では、遡及効は消極的に解されている。その理由として、固定資産税の賦課処分に際しては、全ての固定資産について真の所有者を逐一正確に把握することが困難であることに鑑み、様々な課税上の技術的考慮を勘案した条文が設けられていること（法343条1項、2項前段、359条など）、②法343条2項後段の適用にあたっては、民法898条の規定により当該固定資産は相続人の共有に属するものであり、その持分割合は民法900条から902条の規定によるところ、法10条の2第1項の規定により相続人間で連帯納税義務が発生し、法10条の規定が準用する民法436条により「数人が連帯債務を負担する時は、債権者は、その連帯債務者の一人に対し、又は同時に若しくは順次にすべての連帯債務者に対し、全部又は一部の履行を請求することができる」とされていること、③共有者間の調整は民法上の求償に委ねられていること、④民法909条但書で、遺産分割の遡及効は第三者の権利を害することができないと定められていること、などが挙げられる。

　以上のことから、賦課期日後に遺産分割が完了したとしても、当該賦課期日時点で「現に所有している者」に対して行った課税処分は適法であると解される。

イ　本ケースにおいて

　本ケースにおいて、令和4年度及び令和5年度の固定資産税については、賦課期日である令和4年1月1日及び令和5年1月1日時点のいずれにおいても、登記名義人である被相続人Cが死亡しているため、法343条2項後段の「現に所有している者」が納税義務者となる。

そして、上記賦課期日のいずれの時点でも、遺産分割は未了で、土地αはA・Bの共有状態であった。

　そうすると、土地αは「共有物」（法10条の2）であることから、AとBが連帯納税義務を負う。

　なお、上記アのとおり、賦課期日後に遺産分割が成立したとしても、結論は異ならない。

　令和6年度分の固定資産税についても、登記名義人である被相続人Cは賦課期日である令和6年1月1日時点で死亡しているため、法343条2項後段の「現に所有している者」が納税義務者となる点は同じである。

　だが、令和6年1月1日時点では、遺産分割が成立しており、Aが土地αを取得している。したがって、「現に所有している者」はAであることから、令和6年度分固定資産税の納税義務者はAとなる。

　台帳課税主義とその例外について遺言がないことを前提に図式化すると以下の通りとなる。

台帳課税主義とその例外について

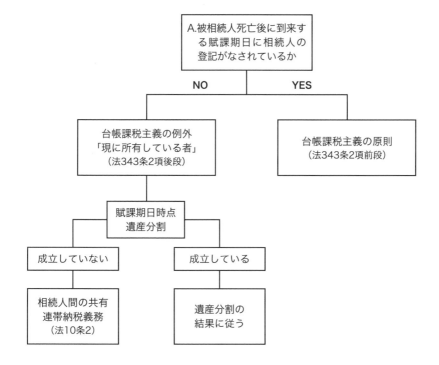

8 台帳課税主義の例外・「現に所有している者」④ （遺言がある場合）

■【ケース3−6】

- ・令和3年11月10日に被相続人土地αの登記簿上の所有名義人Cが死亡。
- ・相続財産は土地αのみ。
- ・法定相続人は子Aと子Bの2名。
- ・土地αをAに相続させる旨の遺言がある。
- ・令和4年1月1日時点で相続登記は未了。

　この場合、令和4年度分の固定資産税納税義務者は誰ですか。

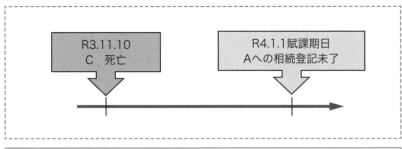

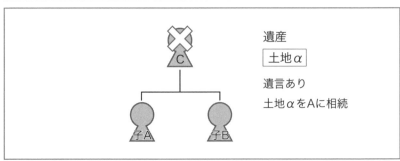

　本ケースでは、賦課期日である令和4年1月1日時点で相続登記は未了であり、同日における登記簿上の所有名義人Cが死亡しているため、「所有者として登記又は登録されている個人（C）が賦課期日（令和4年1月1日）前に死亡しているとき」に該当し、台帳課税主義の例外（法343条2項後段）の適用場面となる。

　そして、本ケースでは、土地 *a* をAに相続させる旨の遺言があるところ、遺言は遺言者の死亡の時からその効力を生ずる（民法985条1項）。

　したがって、Cが死亡した令和3年11月10日に、土地 *a* の所有権はAに移転している。

　よって、賦課期日である令和4年1月1日において「現に所有権を有している」Aが納税義務者となる。

9 相続分譲渡証明書・特別受益証明書

(1) はじめに

　本来、遺産分割は相続人全員による協議によって行われ、その結果は後日疑義を生じさせないために、遺産分割協議書に明記される。

　もっとも、相続人全員による協議は相続人が多いと困難を伴う場合があり、また相続人が少数であっても遺産分割協議書は条項の作成に専門的知識を要することがある。

　そこで、遺産分割協議書を作成せずに相続登記手続きを行うため、実務的には以下の書面を作成するケースがある。

(2) 相続分譲渡証明書（相続分譲渡証書）

【ケース3－7】

- 令和3年1月10日に土地αの登記簿上の所有名義人Cが死亡。
- 相続財産は土地αのみ。
- 法定相続人は子Aと子Bの2名。
- 遺言なし。
- 土地αを、子Aが相続するものとして、子Aと子Bが合意。
- 令和3年9月1日、子Bは、自らの相続分をすべて子Aに譲渡する旨の相続分譲渡証明書を作成し、子Aに交付した。

　この場合、土地αの令和4年度分の固定資産税納税義務者は誰ですか。

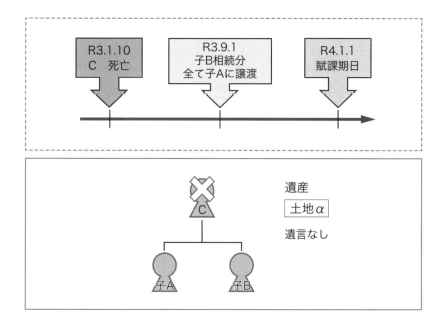

民法第905条

1 共同相続人の一人が遺産の分割前にその相続分を第三者に譲り渡した時は、他の共同相続人は、その価額及び費用を召喚して、その相続分を譲り受けることができる。

　相続分の譲渡とは、相続人を通しての地位の包括的移転を意味するものである（もっとも、相続分の一部を譲渡することも可能と解されている。）。民法では相続分の譲渡について正面から定めた条文はないものの、905条1項で相続分の譲渡について記載があり、相続分の譲渡は当然に認められていると解されている。

　【ケース3－7】の場合、子Bの相続分は子Aに譲渡されており、他に相続人がいないので、土地αは子Aが相続することになり、子Aが所有者となる。

　したがって、令和4年度分の固定資産税納税義務者は、賦課期日令和4年1月1日時点において「現に所有している者」であるAである。

なお、令和3年度分の固定資産税に関わることではあるが、相続分の譲渡がなされた場合、相続債務（令和3年度の固定資産税納付義務）についても譲渡が認められるであろうか。この点、相続債務の帰趨は相続債権者との関係では免責的債務引受（民法472条）の問題となるところ、免責的債務引受は、債権者が引受人となる者に対して承諾しない限り、効果は生じない（民法472条）。したがって、令和3年度の固定資産税は、債権者である地方団体が免責的債務引受を承諾しない限り、Bは納税義務を免れず、被相続人Cに発生した納税義務をA及びBが承継することになる（法9条2項・3項）。

(3)　特別受益証明書（相続分不存在証明書）

【ケース3－8】

・令和3年1月10日に土地αの登記簿上の所有名義人Cが死亡。

・相続財産は土地αのみ。

・法定相続人は子Aと子Bの2名。

・遺言なし。

・土地αは、子Aが相続するものとして、子Aと子Bが合意。

・令和3年9月1日、子Bは、自らは「民法903条により相続分がない旨の証明書」を子Aに交付した。

　この場合、土地αの令和4年度分の固定資産税納税義務者は誰ですか。

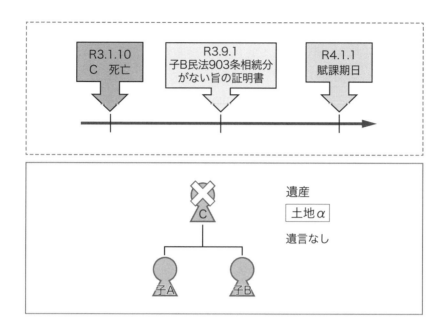

　特別受益とは、被相続人が生前、被相続人から遺贈を受け、又は婚姻若しくは養子縁組のため若しくは生計の資本として贈与を受けた者がある場合、その相続人が受けた財貨をいう（民法903条）。

　実務上、特別受益該当性は激しく争われることが少なくない。具体例としては親が特定の子のために住宅取得費用や大学進学費用を援助した場合に、特別受益該当性が問題になる。

　遺産分割協議書を作成する代替手段として、登記実務において、「民法903条により相続分がない旨の証明書」が作成されることがある。この時の証明書は、「特別受益証明書」または「相続分不存在証明書」と呼ばれることが多い。

　この特別受益証明書（相続分不存在証明書）が意味するところは、ある相続人が相続開始前に被相続人から超過特別受益を得ているから当該相続人には相続財産から相続すべき相続分がない、ということである。

しかし、実務上は、特段、このような超過特別受益が無くても、登記手続きを簡便に申請するために、いわゆる便法として使われている。

　本来、特別受益の有無は、相続放棄または遺産分割協議を経て行われるべきあり、法律実務家の観点からすると、安易な特別受益証明書の作成は控えるべきである。

　ただ、裁判例では、特別受益証明書（相続分不存在証明書）を作成し、自らの相続分を無しとして、相続財産を一人の相続人に単独で取得させる方法によって遺産分割協議が成立したものと評価されている（東京高裁昭和59年9月25日判決）。

　【ケース3－8】の場合、特別受益証明書により子Bは相続分がゼロとなり、子A以外にCの相続人がいないことから、土地 a の令和4年度分の固定資産税納税義務者は子Aとなる。

10　遺産分割協議中の対応

(1)　相続人代表者指定届

地方税法

（相続人からの徴収の手続）

第9条の2　納税者又は特別徴収義務者（以下本章（第13条を除く。）においては、第11条第1項に規定する第2次納税義務者及び第16条第1項第6号に規定する保証人を含むものとする。）につき相続があつた場合において、その相続人が2人以上あるときは、これらの相続人は、そのうちから被相続人の地方団体の徴収金の賦課徴収（滞納処分を除く。）及び還付に関する書類を受領する代表者を指定することができる。この場合において、その指定をした相続人は、その旨を地方団体の長に届け出なければならない。

2　地方団体の長は、前項前段の場合において、すべての相続人又はその相続分のうちに明らかでないものがあり、かつ、相当の期間内に同項後段の届出がないときは、相続人の1人を指定し、その者を同項に規定する代表者とすることができる。この場合において、その指定をした地方団体の長は、その旨を相続人に通知しなければならない。

3　前2項に定めるもののほか、第1項に規定する代表者の指定に関し必要な事項は、政令で定める。

4　被相続人の地方団体の徴収金につき、被相続人の死亡後その死亡を知らないでその者の名義でした賦課徴収又は還付に関する処分で書類の送達を要するものは、その相続人の1人にその書類が送達された場合に限り、当該被相続人の地方団体の徴収金につきすべての相続人に対してされたものとみなす。

地方税法施行令

（相続人の代表者の指定等）

第2条　法第9条の2第1項の規定による相続人の代表者は、その被相続人の死亡時の住所又は居所と同一の住所又は居所を有する相続人その他その被相続人の地方団体の徴収金の納付又は納入につき便宜を有する者のうちから定めなければならない。

2　法第9条の2第1項後段の届出は、次に掲げる事項を記載し、かつ、同項後段の相続人が連署した文書でしなければならない。
　一　被相続人の氏名、死亡時の住所又は居所及び死亡年月日
　二　各相続人の氏名(法人にあつては、名称。以下同じ。)、住所又は居所(法人にあつては、事務所又は事業所の所在地。以下同じ。)、被相続人との続柄及び法第9条第2項に規定する相続分
　三　相続人の代表者の氏名及び住所又は居所
　四　前2号に掲げる相続人のうち法人番号（法第20条の11の2に規定する法人番号をいう。以下同じ。）を有する法人にあつては、当該相続人の法人番号
3　法第9条の2第2項前段に規定する届出がないときには、一部の相続人について同条第1項後段の届出がないときを含むものとする。この場合においては、地方団体の長は、その届出がない一部の相続人について同条第2項前段の指定をすることができる。
4　第1項の規定は、地方団体の長が法第9条の2第2項前段の規定により相続人の代表者を指定する場合について準用する。
5　法第9条の2第2項後段の通知は、次に掲げる事項を記載した文書でしなければならない。
　一　被相続人の氏名及び死亡時の住所又は居所
　二　各相続人の氏名、住所又は居所及び被相続人との続柄
　三　相続人の代表者の氏名及び住所又は居所
6　法第9条の2第1項後段の規定により届出をした相続人は、地方団体の長に届け出て、その指定した代表者を変更することができる。この場合においては、第2項の規定を準用する。

　遺産分割協議中は、**第5章11**で説明するとおり、相続人代表者を定めることが有用である。地方団体としては、相続人に対して、相続人代表者指定届の提出を依頼する対応が考えられる。

(2) 現所有者の申告届け出の制度化

地方税法

（固定資産の申告）

第384条の3 市町村長は、その市町村内の土地又は家屋について、登記簿又は土地補充課税台帳若しくは家屋補充課税台帳に所有者として登記又は登録がされている個人が死亡している場合における当該土地又は家屋を所有している者（以下この条及び第386条において「現所有者」という。）に、当該市町村の条例で定めるところにより、現所有者であることを知つた日の翌日から3月を経過した日以後の日までに、当該現所有者の住所及び氏名又は名称その他固定資産税の賦課徴収に関し必要な事項を申告させることができる。

（固定資産に係る不申告に関する過料）

第386条 市町村は、固定資産の所有者（第343条第9項及び第10項の場合には、これらの規定により所有者とみなされる者とする。第393条及び第394条において同じ。）が第383条若しくは第384条の規定により、又は現所有者が第384条の3の規定により申告すべき事項について正当な事由がなくて申告をしなかつた場合には、その者に対し、当該市町村の条例で10万円以下の過料を科する旨の規定を設けることができる。

　上記の相続人代表者指定届の提出依頼は、「現に所有している者」申告届と兼用するなどして、実務的にも多くの地方団体で頻繁に行われていると思われるが、相続人に対して依頼するにとどまり法的拘束力が弱く、相続人代表者指定届に関して言えば、あくまでも"書類を受領する代表者"を定めるものであり納税義務者を定めるものでは無い。

　また、相続人代表者指定届は相続人の連署が必要となるが、遺産分割協議が長期化している事例では、このような事務連絡さえ容易でない場合も珍しくない。

　したがって、従前、実務上この相続人代表者指定届の取り付けは容易ではなかったと思われる。

　そこで、相続人からの申告の実効化を主な目的の1つとして、令

和2年度税制改正により、「現に所有している者」（法343条2項後段）の届け出が制度化された。

　すなわち、令和2年度の税制改正によって、当該市町村の条例で定めることにより、相続発生後の当該現所有者の住所及び氏名等、賦課徴収に関し必要な事項の申告を義務化できることになった（法384条の3、同386条）。

　多くの市町村では、条例を定めて法384条の3及び同386条を実効化しているようである。

　この新制度により、遺産分割が長期化または遺産分割そのものが放置されている場合などにおいて、「現に所有している者」の把握に多くの時間と労力を割いてきた地方団体の負担の軽減が期待される。

〈参考文献〉

・古郡寛『Q&A実践固定資産税〜納税義務者編』（ぎょうせい、2015年）
・地方税務研究会編『地方税法総則逐条解説』（地方財務協会、2017年）
・潮見佳男『詳解 相続法』（弘文堂、2018年）
・潮見佳男ほか編著『Before/After 相続法改正』（弘文堂、2019年）
・中川善之助・加藤永一編集『新版注釈民法㉘相続⑶遺言・遺留分 補訂版』（有斐閣、2002年）
・税務大学校『国税通則法（基礎編）令和2年度版』（2020年）
・松川正毅・窪田充見編『新基本法コンメンタール相続』（日本評論社、2016年）
・中西博・坂弘二・栗田幸雄著『〈地方税〉新地方自治講座第10巻』（第一法規出版、1973年）
・黒坂昭一『Q&A国税通則法詳解〔新訂〕』（清文社、2012年）

【伊藤定幸】

遺産分割の長期化の原因は

　遺産分割は、弁護士が取り扱う業務の中でも解決までに要する時間が長い事件類型といえます。2～3年、長いものでは5年という事件もあります。相続争いしているうちに相続人が亡くなって、また相続が発生した、というケースもそこまで珍しくはありません。

　その理由としては、①関係者の数が多い、②関係者が高齢で判断能力が問題になる場合がある、③遺産の探索に時間がかかる、④遺産の評価が争われる、⑤調停期日がなかなか開かれない、などの外形的な理由もありますが、実際に事件を担当していると、親族間の確執という心理的な理由も大きいという印象を受けます。

　たしかに、例えば離婚事件では、夫婦間でそれまでの不満を双方が爆発させて熾烈な争いが繰り広げられることも少なくありませんが、時間の経過とともに気持ちが少しずつ落ち着いていくケースも珍しくないように思われます。それと比較して、親族間の激しい確執は、時間の経過とともに和らいでいくケースのほうが、むしろ少ないという印象です。

　この理由を明らかにすることは困難ですが、親族間の問題は子どもの時から積み重ねられており歴史が長いこと、親族関係は婚姻関係と異なり自らが選択して作り上げた関係ではないこと、親の死後子どもたちの争いが顕在化するケースでは、確執は相続をきっかけとしておりスタート地点に立ったばかりであること、などが理由と考えられます。

　また、財産が多いから争いになるとか、財産が少ないから争いが起きないという相関関係も無いように思われます。むしろ、財産が多い方は、生前に遺言など相続に向けた準備を整えるために相談に来られるという印象です。

　日々現場で徴収業務に当たられている方々をはじめ、相続争いに関わったことが無い方にとっては、相続争いがなぜ年単位で時間がかかるのか理解するのは容易ではないと思います。

　もっとも、相続人である兄弟間での連絡すらおぼつかず、納税が無

いままに時間が経過した場合、「相続人が確定すれば遡って納めてもらえる」と特に対応を取らないと、長期間放置される可能性があります。遺産分割は、2年、3年、時には5年かかる可能性があることを念頭に置いて、相続人に相続不動産の管理実態を聞き取りするなどしながら、相続人確定前であっても原則通り納税してもらうため積極的に働きかけていくことが重要と思います。

〔伊藤定幸〕

第4章

相続放棄・
相続財産管理人・
不在者財産管理人

1 相続放棄

【ケース4－1】

> 土地αを所有していたBが令和2年10月31日に死亡したことを知ったので、登記を確認したところ、αの登記名義は亡Bのままでした。そこで、同居していたBの子Aの名前を土地課税台帳に記載し、Aに宛てて、令和3年度の固定資産税の納税通知を送付しました。これに対し、Aから「令和2年11月15日に相続放棄をした。」という電話がかかってきました。
>
> Aへの課税は適法でしょうか。

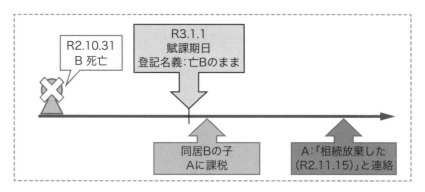

(1) 相続放棄

ア 定 義

　相続放棄とは、法定相続人が被相続人の遺産を相続しないことを選択することをいう。ここでいう遺産には権利等のプラスの財産だけでなく、債務等のマイナスの財産も全て含まれる。

イ 要式行為

　相続放棄をしようとする法定相続人は、家庭裁判所にその旨を申述しなければならない（民法938条）。相続放棄の申述が受理されたときは、家庭裁判所から相続放棄申述受理通知書（申請をすれば相続放

棄受理証明書も）という書類が発行される。そのため、相続放棄の調査としては、必ず相続放棄受理証明書ないし相続放棄申述受理通知書を確認する必要がある。

　他方で、ある相続人が他の相続人との遺産分割協議で財産も負債もまったく引き継がない旨を合意していたとしても、それは相続放棄にあたらず、その合意内容をもって債権者に対して債務の支払いを拒絶することはできない。遺産分割協議書の中で「相続を放棄する」という文言を使用していた場合であっても同様である。

ウ　熟慮期間

　相続放棄を申述できる期間は、「自己のために相続の開始があったことを知った時」から3か月以内である（民法915条1項）。

エ　効　果

　相続放棄をすると、「初めから相続人とならなかったものとみな」される（民法939条）。その結果、相続開始時から、放棄した者を除く他の共同相続人が相続していたことになる。

　たとえば、被相続人に子供が3人いて、そのうちの1人が相続放棄をした場合には、子供が2人だった場合の相続割合で分割される。他方で、子供が3人とも相続放棄した場合には、民法889条における「民法887条の規定により相続人となるべきものがない場合」に該当するため、直系尊属が相続人となり、直系尊属がいない場合には兄弟姉妹が相続人となる。この場合に被相続人に配偶者がいる場合にはそれぞれ法定相続分が変動していくことになるので注意が必要である（民法900条を参照）。

　なお、民法887条2項が代襲相続の要件を「相続開始以前」に相続権を失った場合に限定していることから、相続放棄した者に関しては代襲相続も問題とならない。この点は、相続前に相続人の資格を失っている「相続欠格（民法891条）」や「排除（民法892条）」とは扱いが異なる。

(2) 台帳課税主義

　地方税法343条は、1項において固定資産税を固定資産の「所有者」に課すると規定し、2項前段で、土地又は家屋については、登記簿又は土地補充課税台帳若しくは家屋補充課税台帳に所有者として登記又は登録されている者を前項の「所有者」とする、と規定している（いわゆる「台帳課税主義」）。

　他方で、死亡した者には徴税できないことから、同項後段は、「台帳課税主義」の例外として、「所有者」として登記又は登録されている個人が賦課期日前に死亡しているときは、同日において当該土地又は家屋を「現に所有している者」をいうものとする、と規定している。

　ここで、「現に所有している者」とは、所有者として登記又は登録されている個人の死亡によって当該個人の所有に係る固定資産について相続その他の事由に基づき民法その他の規定により当該固定資産を現実に所有している者をいうとされている（昭和27年10月9日自税市発第30号自治庁市町村税課長回答）。

　なお、地方税法343条2項前段は「登記簿又は土地補充課税台帳若しくは家屋補充課税台帳」とのみ規定しており、「台帳課税主義」の「台帳」に土地課税台帳は含まれておらず、自治体が独自に土地課税台帳に登録していたとしても、台帳課税主義は適用されない。そのため、自治体が相続放棄の事実を知らずに土地課税台帳に登録していたという事情が存在したとしても、同事実をもって課税が適法となることはない。

(3) ケースの回答

　本ケースにおいては、令和3年1月1日時点で、土地 *a* の登記名義人であるBは既に死亡しているため、地方税法（以下「法」という。）343条2項の後段が適用される場面であって、「現に所有している者」

に課税することになる。

　そのうえで、Aは電話で「相続放棄をした」といっているだけなので、まずは本当に相続放棄をしているかを確認する必要がある。前述のとおり、相続放棄は要式行為なので、相続放棄受理証明書ないし相続放棄申述受理通知書を確認して相続放棄の有無を確認することになる。相続放棄の事実が確認されれば、令和2年11月15日に相続放棄したAは、賦課期日時点で土地 *a* の所有権を有せず、「現に所有している者」にはあたらない。

　したがって、Aに対して課税することはできず、自治体としては、A以外の相続人を調査して課税すべきである。具体的には、戸籍調査を行ったうえで、A以外のBの子供やその子供（Bからみたら孫）がいる場合にはその子らに課税し、そうした子供らがいない場合には、直系尊属ないし兄弟姉妹に対して課税することとなる。

2 相続放棄の有効性

■【ケース4－2】

> 土地αを所有していたBが令和2年10月31日に死亡したところ、同年12月1日にBの唯一の子であったAから「相続放棄をした」と連絡があり、相続放棄受理証明書が提出されました。しかしながら、令和3年5月になって、AがB名義の預金を解約して車を購入していることが判明しました。この場合、Aに対して課税することはできないのでしょうか。

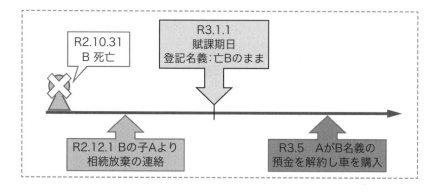

(1) 相続放棄の有効性

　家庭裁判所における相続放棄申述受理の審判は、あくまで相続放棄の意思表示を裁判所が公証する行為に過ぎず、相続放棄の有効性を確定させるものではないとされている（大阪高裁昭和27年6月28日決定）。

　そのため、一般的な債権者としては相続放棄に異議があり、相続放棄の効力を否定したい場合には訴訟を提起して、相続放棄の無効を主張することが可能である（相続放棄無効確認請求訴訟を提起するか、債権の支払請求訴訟の中で相続放棄の無効を主張することになる）。

　もっとも、固定資産税に関しては、債務名義を必要とせずに滞納処分等を行うことができるため、相続放棄の有効性が問題となった場合

には、課税された債務者の側が審査請求等の不服申し立てを行う形で
争うことになる。

(2)　法定単純承認

　相続が発生した場合、相続人には「相続放棄」、「限定承認」、「単純
承認」の3つの選択肢が存在する。これらはいずれも相続人の意思表
示によってなされることを前提としているが、「単純承認」に関して
は以下の3つの場合にも単純承認がなされたものとみなされる（法定
単純承認　民法921条）。

　すなわち、相続人が①選択権行使前に相続財産の全部又は一部を処
分したとき（同条1号）、②熟慮期間内に放棄も限定承認もしなかっ
たとき（同条2号）、③選択権行使後に相続財産の全部もしくは一部
を隠匿し、私に（債権者を害することを知りながら）これを消費し、
または限定承認の際に悪意でこれを財産目録に記載しなかったとき
（同条3号）には単純承認がなされたものとみなし、被相続人の権利
義務をすべて承継する。

　ちなみに、上記①②は相続人の意思が推定されることを根拠として
いるのに対し、③は債権者への背信行為に対する制裁として規定され
ている。

(3)　ケースの回答

　Aは、Bの死後にBの遺産である預金を解約して車を購入しており、
これは「相続財産の全部又は一部を処分した」といえるし、「私にこ
れを消費し」たともいえる。

　したがって、車の購入が、相続放棄より前であれば民法921条1号
により、相続放棄より後であれば同条3号によって、法定単純承認が
成立し、相続放棄が無効であることを前提に、Aに課税することがで
きる。

3 相続放棄の熟慮期間

> 土地αを所有していたBが令和2年10月31日に死亡したことを
> 知ったので、登記を確認したところ、αの登記名義は亡Bのままでした。
> そこで、Bの唯一の子供であったAに対し、令和3年度の固定資産税
> の納税通知を送付したところ、Aから「これから相続放棄するので支
> 払うつもりはない」という電話がかかってきました。
> 　Bの死亡から3か月以上経過しているのに相続放棄ができるので
> しょうか。Aに送った納税通知は効力を有しないのでしょうか。

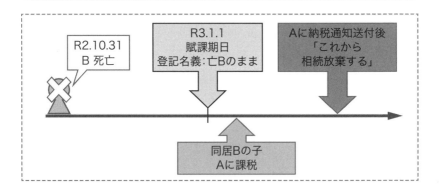

(1)　相続放棄の熟慮期間

　相続放棄を申述できる期間は、「自己のために相続の開始があった
ことを知った時」から3か月以内とされている（民法915条1項）、こ
の期間を過ぎて相続放棄も限定承認もしない場合には、相続人は単純
承認したものとみなされる（民法915条1項、921条2号）。

　ここでいう「自己のために相続の開始があったことを知った時」と
は、原則として、相続人が「相続が開始したこと」と「自己が相続人
となったこと」を覚知したときであるが、例外的に、被相続人に相続
財産が全く存在しないと信じ、そのように信じるについて相当な理由

があるときは「相続財産の全部又は一部の存在を認識した時又は通常これを認識しうべき時」をいうと解されている（最判昭和59年4月27日民集36巻8号698頁）。

(2)　ケースの回答

　本ケースにおいて、AはBの唯一の子であるから、Bの死亡を知った時点で、「相続が開始したこと」と「自己が相続人となったこと」を覚知したといえる。

　そのうえで、息子は通常父親の所有している不動産の存在を知っているであろうから、Aの生活歴やBとの間の交際状況等を考慮して、Bの相続財産が全く存在しないと信じ、そのように信じるについて相当な理由があると認められない限り、Bの死亡を知った時が「自己のために相続の開始があったことを知った時」となる。

　したがって、AがBの死亡を知ったのが3か月以内であるか、Bの相続財産が全く存在しないと信じ、そのように信じるについて相当な理由があると認められない限り、Aは相続放棄をすることができず、納税通知も効力を失わない。

4 相続放棄と台帳課税主義

■【ケース4-4】

　土地αを所有していたBが令和2年10月31日に死亡したことを知ったので、登記を確認しました。すると、Bの債権者であった金融業者のCが令和2年12月15日付けで債権者代位権を行使して、土地αについてBからAへの相続登記を行っていました。そのため、登記名義をもとにAに対して、令和3年度の固定資産税の納税通知を送付したところ、Aが来庁し、「令和3年1月10日に相続放棄をしたので、自分は所有者ではない」といって相続放棄受理証明書を提出してきました。

　相続放棄が有効だとすると、Aに送った納税通知は効力を有しないのでしょうか。

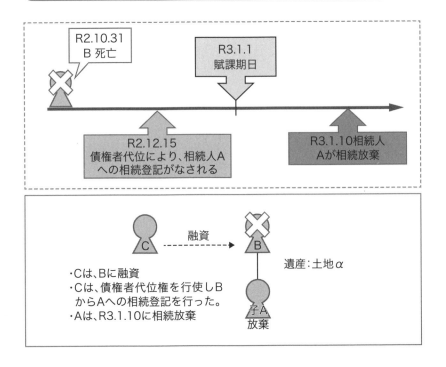

R2.10.31
B 死亡

R3.1.1
賦課期日

R2.12.15
債権者代位により、相続人A
への相続登記がなされる

R3.1.10相続人
Aが相続放棄

融資

C

B

遺産：土地α

子A
放棄

・Cは、Bに融資
・Cは、債権者代位権を行使しB
　からAへの相続登記を行った。
・Aは、R3.1.10に相続放棄

(1)　債権者代位権

　債権者代位権とは、債権者が、自己の債権を保全するため必要があるときに、債務者に代わって債権を行使する権利のことをいう（民法423条）。

　相続が発生した場合、貸金債務も相続されるため、被相続人に貸金債権を有していた者は自らの債権を実現するために相続人に対して訴訟を提起することができる。もっとも、債権者が勝訴したとしても相続人が任意に支払いをしない場合、債権者は相続人の財産を強制執行して債権を回収しなければならない。その際、不動産を強制執行するためには、その不動産の登記名義が相続人名義になっている必要がある。そこで、債権者は、自己の貸金債権を保全するために被相続人の名義となっている不動産について、相続人に代わって相続登記をすることができる。

　なお、債権者が抵当権を有していたり、既に債務名義を有している場合には、相続を原因とする所有権（持分）移転登記がなされていない不動産に対し、競売（強制競売）を申し立てる際に、併せて債権者代位権に基づく相続登記の代位登記を請求する場合もある。

　いずれにせよ、本ケースでも、Cは自らがBに対して有していた貸金債権を保全するために、Aに代わって土地 a について相続登記を行ったものと思われる。

(2)　台帳課税主義と相続放棄の遡及効

　相続登記がなされた結果、令和3年度の固定資産税の賦課期日（令和3年1月1日）においては、土地 a の登記はA名義となっている。そのため、台帳課税主義（法343条2項前段）によれば、令和3年度分の土地 a の納税義務者はAということになりそうである。

　もっとも、本ケースでAは相続放棄をしている。

　相続放棄をした者は、「初めから相続人とならなかったものとみな

す」（民法939条）とされており、相続開始時点（令和2年10月31日）で相続人ではなかったものとみなされる以上、本ケースでもAは賦課期日時点で土地αを相続していなかったことになりそうである。

このように、台帳課税主義と相続放棄の遡及効が対立した場合どちらが優先するのであろうか。

●横浜地判平成12年2月21日判決

この点について、裁判所は、次のような要旨で、賦課期日時点において登記名義人であったものへの課税を適法と判断している（横浜地判平成12年2月21日）。

すなわち、まず裁判所は、台帳課税主義を採用した理由として、私法上の所有権の帰属の判定には困難が伴うことから、徴税の便宜を図る必要がある旨を挙げている。そのうえで、地方税法343条2項後段が、登記名義人が賦課期日前に死亡している場合に「現に所有している者」という所有権の帰属する者をもって納税義務者とし、その限りで所有権の判定に困難を伴うことを甘受する考え方をとりいれているとし、これは、死亡している人からは現実問題として徴税できないために、やむを得ず例外を設けたものであって、このような原則とわずかな例外からなる課税のあり方には相応の合理性があると判断している。

そして、裁判例の事案においては、原告ら（相続人）が賦課期日に登記名義人であったことから、法343条2項前段の場合にあたり、同規定には賦課期日後に相続放棄をした場合に固定資産税を減免する旨の定めはないため、原則どおり台帳課税主義が適用されると判断した。

この裁判例はいわゆる下級審の裁判例であって、最高裁の判例ではないため確定的判断とまではいえないが、法343条2項前段の適用場面においては登記名義人が現実の所有者でなかったとしても課税は有効であるというのが一貫した裁判所の立場であることから、少なくと

も現時点では課税が適法と考えて差し支えないであろう。

　なお、本ケースにおけるＡのように、相続放棄によって実体法上所有権を有していなかったにも関わらず、固定資産税を課せられた者がでてきた場合に、真実の所有権者が租税の支払義務を免れるという事態が起こってしまうと著しく不公平であるが、このような場合には、税金を支払った者が、真実の所有者に対して、不当利得として当該納税額の返還請求をすることができるとされている（最判昭和47年1月25日）。こうした手段が残されているということも、上記のような課税が適法と考え得る理由の一つといえる。

(3)　ケースの回答

　本ケースの場合、令和3年1月1日の登記に基づいて課税したことは適法であり、Ａに送った納税通知も有効である。

5 相続放棄と「現に所有している者」（相続放棄の遡及効）

【ケース4-5】

　土地αを所有していたBが令和2年10月31日に死亡したことを知ったので、登記を確認したところ、登記名義は亡Bのままでした。そこで、同居していたBの唯一の子Aに宛てて、令和3年度の固定資産税の納税通知を送付しようとしたところ、Aが来庁し、「令和3年1月10日に相続放棄をしたので、自分は所有者ではない」といって相続放棄受理証明書を提出してきました。

　こうした場合、このままAに課税してよいものでしょうか。誰に対して課税するのが適切でしょうか。

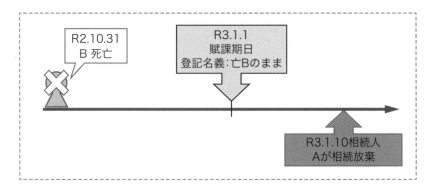

(1) 導　入

　本ケースでは、賦課期日（令和3年1月1日）時点の登記名義人が死亡していた場合に、その相続人が賦課期日後に行った相続放棄によって、賦課期日時点では相続していた相続人への課税が無効となるのかが問題となっている。

　議論の前提として、このケースでは登記名義人が賦課期日に死亡しているため、台帳課税主義の適用はない。

そのため、同原則の例外である法343条2項後段の適用場面となり、条文の文言に照らしてみると、同規定の「同日において〜現に所有している者」に賦課期日後に相続放棄をしたＡがあたるかどうかが問題となる。

(2) 「現に」所有している者

ア 相続人への課税が適法であると考える論拠

この点に関し、相続人への課税が適法であると考える論拠としては以下の内容が考えられる。

法343条2項後段では、所有者として登記又は登録されている個人が賦課期日前に死亡しているときは、「同日（賦課期日）において」「当該土地を現に所有している者」を納税義務者として認定している。そして、徴税の便宜を重視して（相続放棄の遡及効に優先させて）、賦課期日時点で相続放棄をしていない以上「賦課期日において」「当該土地を現に所有している者」とは相続人であるから、課税は適法である、と考えるのである。

同規定の文言が、「所有する者」ではなく「現に所有『している者』」と書かれており、賦課期日における現在進行形のような書きぶりであることも論拠になりえるであろう。

イ 相続人への課税は違法であるとする論拠

これに対し、相続人への課税は違法であるとする論拠としては次の内容が考えられる。

たしかに、法343条2項前段（台帳課税主義）は、課税の対象となる多数の固定資産につき限られた人員で短期間に徴税事務を行わなければならないことから徴税の便宜を図る必要を重視した規定であり、私法上の所有権の帰属の判定にとらわれず、登記または補充課税台帳にしたがって課税すれば有効であると定めている。

しかし、法343条2項後段は、死亡した者には課税することはでき

ないため、同項前段の例外として規定されたものであり、登記や補充課税台帳の記載が死者名義である以上は、もはや徴税の便宜を優先することは正当性を欠くと考えるべきである。大原則にもどって、真の所有者すなわち私法上の所有権の帰属にしたがって「現に所有している者」を調査し、その者に対して課税をするべきであって、相続放棄をしたものは「はじめから相続人ではなかった」のであるから、その者に対する課税は違法である、と考えるのである。

ウ 筆者の見解

上記2つの見解についていずれの立場をとればよいだろうか。この点に関して判断した裁判例は見当たらなかったため、以下はあくまで筆者の私見として述べさせていただく。

そもそも、租税法律主義（憲法30条、84条）の観点から、納税の義務を課すには法律の定めが必要になるところ、台帳課税主義として、実体法上の所有者でなかったとしても登記や補充課税台帳（課税台帳は含まれていない）に記載されていれば課税することができるとされているのは、法343条2項前段がその旨を規定しているからに過ぎない。他方で、台帳課税主義の例外を規定した同項後段には課税庁である地方公共団体に所有者を判断する権限を認めた規定はない。

そうだとすると、「現に所有している者」の解釈においては、ことさら徴税の便宜を認めるべきではなく、課税の実体法上の所有者をいうと解するのが自然である。

そのうえで、相続放棄の効力は、相続人をして相続開始時に遡って相続開始がなかったと同じ地位におく効力を有し、その効力は絶対的で、何人に対しても登記等なくして生じるという判例（最判昭和42年1月20日民集21巻16頁）や、ある土地につき法343条2項後段により固定資産税の納税義務者に該当するというためには、上記賦課期日において当該土地の所有権が当該者に現に帰属していたことが必要であり、固定資産税の賦課期日においてその所有権が当該者に現に帰属

していたことを確定することなく、同項後段に基づいて当該者を固定資産税の納税義務者とすることはできないという判例（最判平成27年7月17日判決集民第250号29頁）の考え方からしても、相続放棄の結果、賦課期日において実体法上所有者とならなくなった者を「現に所有している者」として課税することはできないと考えるのが整合的である。

　他方で、法381条7項において、市町村長は必要があれば登記の内容を修正するように登記所に申し出ることができるので、自治体としては、相続人名義に登記を修正したうえで、法343条2項前段を理由に課税することができるのだから、課税の便宜に対する許容性も一定程度確保できる、と考える。

　なお、過去の政府見解において「現に所有している者」とは、所有者として登記又は登録されている個人の死亡によって当該個人の所有に係る固定資産について相続その他の事由に基づき民法その他の規定により当該固定資産を現実に所有している者をいう、とした回答があり（昭和27年10月9日自税市発第30号自治庁市町村税課長回答）、この見解を前提にしても相続放棄した以上はもはや課税できないという判断に傾くと思われる。

　以上の観点から、本ケースでもAへの課税は違法であるというのが筆者の見解である。

エ　リスク管理

　もっとも、この見解はあくまでも私見であって、最終的な判断は判例の登場を待たねばならない。

　ただし、少なくとも課税する側である自治体側の対応としてみれば、課税が違法と判断されるリスクがあることを考慮して、登記名義人の死亡（相続の発生）を把握した以上は、漫然と法定相続人に課税するのではなく、事前に相続放棄の有無を含めて相続人調査をし、万が一相続放棄が判明した場合には、放棄した者以外の相続人又は後順位の

相続人に対して課税する、という運用をとるのが望ましいであろう。

⑶　ケースの回答

　前述のとおり、本ケースの場合、Aに法定単純承認のような例外事由がない限り、Aの相続放棄を有効として扱い、他の相続人（Bの配偶者や直系尊属、兄弟姉妹等）の有無を調査して、その者らに課税するという運用をとるべきである。

6 相続財産管理人①（相続財産管理人の選任申立て）

■【ケース4-6】

土地αを所有していたBが令和2年10月31日に死亡したことを知ったので、登記を確認したところ、登記名義は亡Bのままでした。そこで、調査をしたところ、Bの唯一の子Aが令和2年11月15日に相続放棄をしており、Bには他に相続人は存在しないことが判明いたしました。

この場合、令和3年度分の固定資産税を誰に課税すればよいでしょうか。

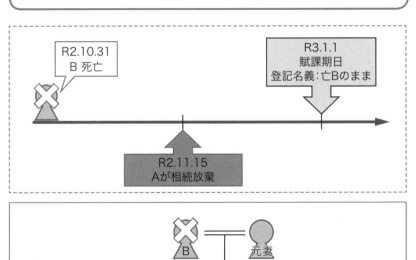

(1) 相続財産管理人

ア 導 入

相続人のあることが明らかでないとき、相続財産は法人（法律上認められた権利義務の主体）となる（民法951条）。この相続財産法人を管理・清算する業務を行う者が相続財産管理人である（民法952条1項）。

したがって、相続財産管理人の有無に関わらず、被相続人の権利義務は相続財産法人に帰属する。

イ 要 件

「相続人のあることが明らかでないとき」には、戸籍調査の結果相続人が判明しない場合に加えて、相続人がいないことが明らかである場合（相続人が当初から存在しない場合や相続人全員が相続放棄をした場合）も含まれると解されている。

これに対し、相続人は存在するものの、その者が行方不明、生死不明の場合は「相続人のあることが明らかでないとき」には当たらない（東京高決昭和50年1月30日判例時報778号64頁）。この場合は不在者財産管理人（民法25条）又は失踪宣告（民法30条）の問題となる。

ウ 相続財産管理人の選任

相続財産管理人は利害関係人又は検察官が家庭裁判所に選任を申し立てることで選任される（民法952条）。ここでいう「利害関係人」とは相続財産の帰属について法律上の利害関係を有する者をいい、相続債権者もこの利害関係人に含まれる。相続財産管理人の選任にあたっては特段資格等を要求する法律上の規定は存在しないが、実務運用上は相続財産を管理するのに適任と家庭裁判所が考える専門職（弁護士や司法書士等）が選ばれることが多い。

また、相続財産管理人が相続財産を管理するために必要な費用（相続財産管理人に対する報酬を含む。）に不足が出ないように、申立人は相当額（裁判所からの指示）を予納金として納付するよう家庭裁判

所から求められることが通常である。

エ　相続財産管理人の職務

相続財産管理人に関する規定の多くは不在者財産管理人の規定が準用されている（民法953条、27条、28条、29条)。

具体的な相続財産管理人の選任以降の流れは以下のとおりである。

① まず、家庭裁判所が、選任の申し立てを受けて、相続財産管理人選任の審判をして相続財産管理人を選任し、その選任を知らせるための公告をする。

② ①の公告から2か月が経過した後、相続財産管理人は、相続財産の債権者・受遺者を確認するための公告及び催告をする。

③ ②の公告から2か月が経過した後、家庭裁判所は、相続財産管理人の申立てにより、相続人を捜すため、6か月以上の期間を定めて公告をする。期間満了までに相続人が現れなければ、相続人がいないことが確定する。

④ ③の公告の期間満了後、3か月以内に特別縁故者に対する相続財産分与の申立てがされることがある。

⑤ 必要があれば、随時、相続財産管理人は、家庭裁判所の許可を得て、被相続人の不動産や株式といった財産を換価することができる。

⑥ 相続財産管理人は、法律にしたがって債権者や受遺者への支払をし、かつ特別縁故者に対する相続財産分与の審判にしたがって特別縁故者に相続財産を分与するための手続をする。

⑦ ⑥の支払等をしてもまだ相続財産が残った場合には、相続財産管理人は相続財産を国庫に引き継ぐ。これにより手続は終了する。

(2)　ケースの回答

本ケースでは登記名義人であるBが死亡しているため、土地aを「現に所有している者」（法343条2項後段）が誰になるのかが問題となる。

そのうえで、唯一の相続人であったＡが賦課期日前に相続放棄をしていることから、初めから相続人ではなかったことになり、Ａに課税できないことに争いはない。では誰が「現に所有している者」にあたるのか。

　前述のとおり、戸籍調査の結果相続人がいないことが明らかである場合（相続人が当初から存在しない場合や相続人全員が相続放棄をした場合）は、「相続人のあることが明らかでないとき」（民法951条）として、相続財産はそれ自体が法人となる。

　したがって、本ケースにおいては、亡Ｂ相続財産法人に対して課税をすることになる。この点、相続財産管理人に対して課税するわけではないことをよく理解しておく必要がある（会社に対して課税するときに代表取締役個人が納税義務者となるわけではないことと同様）。

　もっとも、相続財産法人は、単なる財産の集合体に過ぎず、そのままでは相続財産の管理、換価、清算といった活動を行うことができないし、そもそも課税通知の送り先も存在しない。そこで、実際に課税するためには相続財産管理人が選任される必要があり、被相続人の債権者等の利害関係人によって選任の申し立てがなされない場合には、自治体が自ら申立人となって相続財産管理人を選任してもらい、その相続財産管理人を宛先として、相続財産法人に対して課税することになる。

　ただし、「地方公共団体は、その事務を処理するに当っては、住民の福祉の増進に努めるとともに、最少の経費で最大の効果を挙げるようにしなければならない」（地方自治法2条14項）と規定されていることから、相続財産管理人の申し立てを検討する場合、相続財産の換価価値によっては納めた予納金を回収することすらできない可能性があることを考慮したうえで、実際に申し立てを行うか否かを慎重に判断する必要がある。

　本ケースでは、相続財産管理人が選任されているのであれば、亡Ｂ相続財産法人に対して課税をすることになる。なお、相続財産管理人が選任されていない場合であっても、Ｂの相続財産を考慮したうえで予納金を回収できる見込みがある場合には、自治体自らが相続財産管理人選任の申し立てを行うことを検討してみてもよいであろう。

7 相続財産管理人②（相続債権者受遺者への請求申出の公告及び催告）

　私の前任者が調査をしたところ、土地αを所有していたBが令和2年10月31日に死亡し、Bの唯一の子Aが令和2年11月15日に相続放棄をしており、Bには他に相続人は存在しないことが判明いたしました。

　そこで、当市は利害関係人として相続財産管理人の選任を家庭裁判所に申し立て、令和3年2月20日に家庭裁判所によって「被相続人B　相続財産管理人C」が選任され、その公告もなされました。

　その後、令和3年4月21日に、Bによって相続債権者受遺者への請求申出（「Aの相続債権者及び受遺者は、本公告掲載の翌日から2か月以内に請求の申出を行え」）の公告がなされていたのですが、令和3年4月から新しく担当となった私は公告期間満了後の7月1日に上記事実に気づきました。

　公告期間を経過してしまった以上、相続財産管理人Cに対して令和3年度分の固定資産税を賦課することはもはやできなくなってしまったのでしょうか。

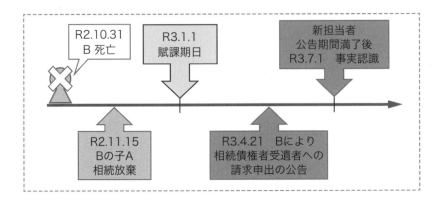

(1)　相続債権者への請求申出の公告及び催告手続

【ケース4－6】の(1)エ②で述べたように、相続財産管理人は、選任直後に、相続財産の債権者・受遺者を確認するための公告及び催告を行うこととなっている（民法957条、927条2項・3項）。

かかる相続債権者受遺者への請求申出の公告には、相続財産管理人が相続財産の清算手続に着手したことを公知する機能を有している。

公告期間を定めている以上、この期間内に申し出なかった債権者はもはや債権者として扱ってもらえなくなるのであろうか。

この点について、そもそも「相続債権者受遺者への請求申出の公告及び催告手続」は、大きく分けて通常の債権者（及び受遺者）に対して行う請求申出の「公告手続」と、知れたる債権者（及び受遺者）に対して行う請求申出の「催告手続」の二つに分類されている。

前者の請求申出の「公告手続」においては、請求申出期間内に請求の申出がなければ弁済から除斥されることが明記されるのに対し（民法957条2項、927条2項本文）、後者の請求申出の「催告手続」においては請求申出期間内に申出がなくとも、弁済から除斥されることはない（民法957条2項、927条2項但書）。

なお、前者の場合であっても、相続人捜索の公告手続中で、かつ積極財産が残存している場合には、その残存財産の限度で、相続債権者は相続財産管理人に対して債権の請求申出を行うことができる（民法957条2項、935条、958条の2）。

(2)　ケースの回答

本ケースでは、そもそも当該自治体が相続財産管理人の選任申し立てを行っているため、相続財産管理人Cは同自治体が債権者であることを知っていたはずである。そうだとすれば、本ケースでは、当該自治体に対しては、公告手続ではなく、請求申出の催告手続が妥当ということになる。

したがって、相続財産管理人の清算手続中であれば、相続債権者受遺者への請求申出の催告期間が経過した後であっても、相続財産管理人Bに対して、納税通知書による納税の告知・請求を行うことは適法である。

　なお、本ケースのような場合、本来であれば相続財産管理人は公告するだけでは足りず、当該自治体に対して個別に請求申出をすべきことを催告しなければならない（民法957条2項、927条3項）。万が一、催告懈怠のために債権者が弁済を受けられなかった場合には、債権者とすれば相続財産管理人に対して損害賠償責任を追及することになる（民法957条2項、934条1項）。

8 不在者財産管理人について

■【ケース4－8】

　　土地αを所有していたＢが令和2年10月31日に死亡したことを知ったので、登記を確認したところ、登記名義は亡Ｂのままでした。そこで、調査をしたところ、Ｂの唯一の子Ａが住民票上は同居しているはずなのですが、行方がわからず、どこかに転居しているのか生死も含めて所在がわかりません。

　　こうした場合、令和3年度の固定資産税をＡに課税するためにはどうしたらよいでしょうか。不在者財産管理人を選任すべきなのでしょうか。それとも失踪宣告を申し立てなければならないのでしょうか。

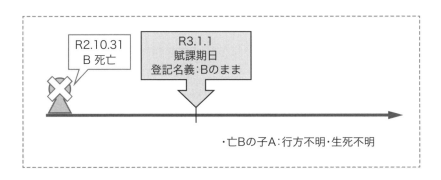

(1)　不在者財産管理人及び失踪宣告

ア　導　入

　相続人は存在するものの、その者が行方不明、生死不明の場合は、相続財産管理人の要件である「相続人のあることが明らかでないとき」には当たらない、と解されている（東京高決昭和50年1月30日判時778号64頁）。したがって、本ケースにおいては相続財産管理人を検討する余地は存在しない。

　一般的に、財産の所有者として登記されている者が、住民票上の住

所ないし居所を去り行方不明になったような場合には、不在者財産管理制度もしくは失踪宣告が問題となる。

前者は生存が判明している、あるいは帰来する見込みがある場合を想定した制度であり、後者は生死が不分明で、帰来する見込みが著しく低い場合に検討する制度である。

イ　不在者財産管理人

㋐　制度の目的

不在者財産管理制度は、不在者の財産の散逸によって受ける不在者の損失を防止し、かつ不在者の相続人や債権者等の利害関係人の利益を保護するために、家庭裁判所が不在者の財産管理人を選任して、不在者の財産を保護することを目的とした制度である（民法25条）。

「不在者」とは、従来の住所又は居所を失って容易に帰来する見込みのない者をいい、同制度は、生死分明な者も不分明な者も、まずは不在者として生存を推定し、その財産保護を図ることとしている。

なお、生死不分明な者については、一定期間の経過等の特定の条件を満たした場合には後述する失踪宣告によって死亡を擬制することもできる。

㋑　選　任

不在者財産管理制度は不在者の利益を目的とした制度であるため、不在者が「その財産の管理人を置かなかったとき」にのみ不在者財産管理人が選任される。

不在者財産管理人の選任にあたっては利害関係人または検察官が家庭裁判所に選任を申し立てることが必要となる（民法25条1項）。

不在者財産管理人には特段資格は必要とされないが、不在者の財産を適切に保護・管理するという制度趣旨から家庭裁判所がそれにふさわしいと考える者を選任する。相続財産管理人と異なり、確実な終期がないため、申立人が推薦した者（申立本人や不在者の親族等）が選任されるケースもままあるが、利益相反の可能性がある場合には慎重

に判断される。

(ウ)　業務の遂行と責任

不在者財産管理人は不在者の法定代理人であり（横浜地判昭54年9月5日判タ403号149頁）、権限の定めのない代理人と同じく財産の保存行為・利用行為・改良行為を行う権限を有する（民法28条、103条）。処分行為のように権限を越える行為については家庭裁判所の許可を得て管理業務を遂行する。

他方で、不在者財産管理人は不在者の財産を適切に管理するために、善管注意義務等の責任を負う（家事事件手続法146条6項、民法644条、646条、647条、650条）。

ウ　失踪宣告

失踪宣告は、不在者の生死不分明な状態が継続した場合に、不在者を死亡したものとして扱い、もって相続人等の身分上・財産上の法律関係を確定させるための制度である（民法30条、31条）。不在者財産管理制度が第一義的には不在者の利益保護を目的としていたのに対し、失踪宣告は相続人等の利害関係人の利益保護を目的とした制度である。

失踪宣告には、生死不明が7年間明らかでない場合の「普通失踪」（民法30条1項）と戦争等の特別な危難に遭遇した場合の「特別失踪」（民法30条2項）がある。

いずれの場合も、利害関係人の請求により、家庭裁判所が宣告をする。

失踪宣告がなされると「普通失踪」の場合は行方不明から7年が経過した日に、「特別失踪」の場合は危難の去った日に失踪者は死亡したものとみなされる。

なお、死亡していること自体は確実なものの水難や火災等で遺体を発見できず死亡届に死亡診断書や死体検案書を添付できない場合に、官庁又は公署が死亡地の市町村長に死亡を報告することで戸籍に死亡

の記載がなされる認定死亡という制度も存在する（戸籍法89条）。

(2)　公示送達

　公示送達とは、通常の送達方法によることができない場合に、法律の規定に則って、当該書類を保管し、名宛人が出頭すればいつでもこれを交付する旨を一定期間掲示上に掲示して行うことで送達がなされたものとみなす制度である。

　法20条の2で、「地方公共団体の長は、前条の規定により送達すべき書類について、その送達を受けるべき者の住所、居所、事務所及び事業所が明らかでない場合又は外国においてすべき送達につき困難な事情があると認められる場合には、その送達に代えて公示送達をすることができる」と規定している。

　不在者財産管理人の「不在者」すなわち「従来の住所又は居所を失って容易に帰来する見込みの無い者」といえれば、同条の「その送達を受けるべき者の住所、居所、事務所及び事業所が明らかでない場合」にも該当することになる。

　そのため、固定資産の課税実務上は、わざわざ不在者管理人を申し立てることなく、簡便な公示送達を利用するのが一般的である。

(3)　ケースの回答

　本ケースでは、きちんと所在調査を行ったうえでAの所在が不明ということであれば、公示送達によってAに課税することができるので、不在者財産管理人の選任や失踪宣告を申し立てる必要はない。

9 補 足

　不動産の所有者が不明となる場面としては、大きく分けて①「所有者が死亡した場合」と②「所有者が所在不明になった場合」の2つに分けられる。

　さらに、このうち①については、①－ア「相続人はいたものの相続人全員が相続放棄をした場合」と①－イ「そもそも相続人がいなかった場合」の2つに分けることができる。

　この点に関し、まず①－アの場面では「相続放棄」の概念を正確に理解する必要があり、そのうえで、①－アとイのいずれの場面でも「相続財産管理人」を選任することになるため、この概念も正確に理解する必要がある。

　これに対し、②の場面では通常は「不在者財産管理人」を選任するか、「失踪宣告」を申し立てることになる（もっとも、固定資産税に関しては前述のとおり、地方税法上の「公示送達（法20条の2）」を利用することで不在者財産管理人を選任しなくても課税できる場合が存在する）。

　参考までに上記の説明を図示したフローチャートを次頁に示す。

所有者が不明の場合の確認

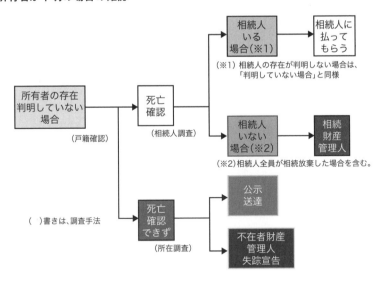

〈参考文献〉

・古郡寛『Q&A実践固定資産税〜納税義務者編』（ぎょうせい、2015年）

・地方税務研究会編『地方税法総則逐条解説』（地方財務協会、2017年）

・川井幸生「所有者不明土地等への課税手順とその実践例」『月刊　税』
　2018年3月号（ぎょうせい）

・内田貴『民法Ⅳ〔補訂版〕』（東京大学出版会、2004年）

・伊藤眞『民事訴訟法〔第6版〕』（有斐閣、2018年）

・野々山哲郎・仲隆・浦岡由美子共編『Q&A　相続人不存在・不在者　財
　産管理の手引』（新日本法規出版、2017年）

【今井　亮】

相続と固定資産税
～相続税と所得税の違い～

　固定資産を所有していると固定資産税がかかります。所有者がお亡くなりになられた場合、固定資産は分割対象の財産となる一方、固定資産税の未払額がある場合相続人が返済義務を負うことになります。

　固定資産税の未払額については、相続税の計算上債務控除対象となり財産のマイナスとして扱われます。また、この不動産を賃貸や事業に利用して収入がある場合、固定資産税は所得税の計算上必要経費となります。未払の固定資産税は相続税の計算上債務控除対象となり、所得税の計算上必要経費となるため、一見すると相続税、所得税の計算上同じような取り扱いを受けそうです。しかし、相続の開始の日が固定資産税の納付通知書の前か後かであるかによって、相続税と所得税とで計算上固定資産税の扱いが次のように異なってきます。

　固定資産税は、その年の1月1日時点の所有者が納税義務を負うこととされていますが、実際の納付通知書については毎年4月に送付されることとなっています。このため、その年において納付書が送付されるまでは、納税義務が確定しているものの納付すべき額は分からない状態になっています。

　相続税の計算上、債務控除の対象となる租税公課は、被相続人が亡くなった時点で納税額が確定しているもの以外に、被相続人が亡くなった後で相続人が納付することとなった被相続人に係る税金も含まれます。このため、被相続人の固定資産税については相続開始日において未払であったものに加え、被相続人が亡くなった時には届いていなかった相続開始年分の納税通知書の税額についても、1月1日時点の所有者である被相続人に納税義務があるため、相続税の債務控除の対象となります。

　次に所得税の計算においては、その年の12月31日までに申告等により納付すべきことが確定した租税公課が必要経費の対象となります。ただし、市町村等が納付すべき金額を決定する税金で固定資産税等のように納期が分割して定められている税額については、それぞれの納

期の開始日又は実際に納付した日の属する年分の必要経費にすることもできるとされています。言い換えると、①納税通知書が交付された日、②分割された納期のそれぞれの納付開始日、③実際に納付した日のいずれかにおいて必要経費とすることが可能となっています。なお、被相続人の必要経費としなかった固定資産税の残額については、相続人の必要経費とすることができます。

　このため、相続開始年において固定資産税の納税通知書が交付される前に被相続人が亡くなった場合、被相続人の所得税の計算上固定資産税を必要経費とすることはできず相続人の所得税の計算において必要経費とします。また、固定資産税の納税通知書が交付された後に相続が開始された場合、固定資産税を相続人または被相続人いずれの必要経費とするかは、上述の通り選ぶことができることとなります。

　つまり、固定資産税の扱いに関する相続税と所得税における具体的な違いは、固定資産税の納税通知書の交付前に被相続人が死亡した場合に生じます。

　相続税の場合、1月1日時点で存命であれば納税通知書の交付前に死亡した場合であってもその年の固定資産税は債務控除の対象となります。

　一方所得税の場合、納税通知書の交付前に死亡した場合被相続人の所得税の必要経費とすることはできないこととなります。

〔公認会計士・税理士　深谷雅俊（深谷会計事務所）〕

第5章

相続人調査・
納税通知書・
相続人代表者指定

1 相続人調査の必要性

(1) 相　続

　自然人（日常でいう「人」のことである。）が死亡した場合、相続が発生する（相続人等の基本的説明は**第2章12(2)**のとおり）。固定資産税課税実務との関係では、賦課期日の納税義務者を確定させ、その納税義務が誰に承継されているのか／いないのかを間違いなく見定め、混同なく手続を行っていくうえで、従来の固定資産所有者の死亡を覚知すること及びその相続人を把握することが必要となる。

(2) 相続人調査の前提

　相続人調査は、戸籍等を確認して死亡した者（被相続人）の相続人を調査することである。被相続人の死亡は、生前に推定相続人を把握しておく必要があるなどの例外的状況を別にして、相続人調査の当然の前提であり相続人調査それ自体とは別物と捉えられる。しかし、相続人を把握したいという動機が生じるためには自然人の死亡を覚知することがスタートとなる。

　当該地方団体への死亡届の提出があればそれほど問題にはならないだろうが（戸籍事務担当課に提出された場合税務担当課に情報共有されるかどうかは地方団体の実務運用により異なるだろう。）、死亡していないことを前提とする従前どおりの手続を行っている中で、想定していた納税義務者の生死につき疑義が生じる場合に、生死の確認の必要が生じる。生死の疑義が生じるタイミングとしては、納税通知書等の書類が届かずに戻されたり、税金の滞納が生じたが全く連絡が取れなくなったりすることが典型的であろうが、その他隣人等からの問合せなどの事情も考えられる。

(3) 死亡確認の方法

　地方団体の税務担当課に対して親族等からの申出があった場合、通常、死亡の事実の記載がある戸籍の交付を受けることにより（あるいは戸籍事務担当課からの情報提供を受けることにより）、被相続人の死亡を確認することになる。

　これに対し、親族等からの申出がない場合は、状況は少し困難となる。上記(2)のとおり生死に疑義が生じるか、法務局からの相続による登記名義変更の情報の共有を受けたり、相続税法58条に規定される通知を参照したりすることにより手掛かりを得たうえ、地方団体において職権により戸籍を取得し、死亡を確認する対応が想定される。この際、職権取得の可否・やり方の詳細は各地方団体によって異なるだろうが、生存している場合の所在の確認も含め、概ね、課税行政上の必要があるものとして、地方税法20条の11（官公署等への協力要請）、住民基本台帳法12条の2第1項（国又は地方公共団体の機関の請求による住民票の写し等の交付）、戸籍法10条の2第2項（第三者による戸籍謄本等の交付請求）に基づいて、他の地方団体から住民票・戸籍を取得・確認することができるものと考えられる。本籍地が住民票上の住所（ないし現住所）や固定資産の所在と異なることもあり、住民票の記載を参考にするなどして本籍地の把握をしつつも、転籍を繰り返している場合などには追跡の結果複数の地方団体からの取り寄せが必要となる状況も考えられる。

地方税法
第20条の11　徴税吏員は、この法律に特別の定めがあるものを除くほか、地方税に関する調査について必要があるときは、官公署又は政府機関に、当該調査に関し参考となるべき簿書及び資料の閲覧又は提供その他の協力を求めることができる。

住民基本台帳法
第12条の2第1項（抜粋）　国又は地方公共団体の機関は、法令で定める

事務の遂行のために必要がある場合には、市町村長に対し、当該市町村が備える住民基本台帳に記録されている者に係る住民票の写し…又は住民票記載事項証明書…の交付を請求することができる。

戸籍法

第10条の2第2項　前項の規定にかかわらず、国又は地方公共団体の機関は、法令の定める事務を遂行するために必要がある場合には、戸籍謄本等の交付の請求をすることができる。この場合において、当該請求の任に当たる権限を有する職員は、その官職、当該事務の種類及び根拠となる法令の条項並びに戸籍の記載事項の利用の目的を明らかにしてこれをしなければならない。

　死亡を確認した場合でも、なお重要となるのは、死亡日と固定資産税賦課期日との先後関係である。**第2章**で説明があるとおり、賦課期日前に死亡している場合、賦課期日における納税義務者自体の特定の問題となる。すなわち、台帳課税主義の例外として、その相続人が固定資産所有者として納税義務者となる。これに対し、賦課期日後に死亡している場合は、賦課期日の納税義務者は登記名義人たる被相続人であることを前提にして、納税義務の承継についての問題となる。

　いずれの場合であっても、従来の固定資産所有者の死亡が判明した場合には、死亡した者を固定資産所有者として捉えたり、死亡した者に納税通知書等の書類を送付したりすることはもはやできないから、その後の対応のために相続人を把握しなくてはならない。

2 相続人調査の方法

(1) 導　入

　親族等からの申出がなく、相続関係を根拠付ける戸籍等の任意提出
が見込まれない場合、適正な税務処理を進めるため、地方団体として
能動的に、死亡した者の相続人を確認する必要が生じる。

　この場合の対応についても、上記1(3)のとおり従前の固定資産所
有者の生死を確認するために戸籍を取得・確認することができるのと
同様、法令や地方団体の内部ルールにも従い、一定の要件のもと職権
取得ができるものと考えられる。

　実際には、地方団体によって運用は異なるだろうが、相続人調査を
開始するタイミングとしては、納税義務者の死亡が判明した場合、他
地方団体居住の納税義務者の死亡が判明した場合、相続人代表者指定
届が一定期間提出されない、その他相続人に期待される手続が行われ
ない場合、同世帯に相続人とわかる者がいない場合、相続人不存在の
可能性がある場合、相続放棄がされたないし相続人が相続放棄の意向
を示した場合、などがあるようである。

　また、ほとんどの地方団体において、相続人調査を専門で行う部署
はない中で、通常の業務と並行して戸籍取寄せ〜相続人の把握の対応
を行わなければならず、現場の担当者において苦労があるようである。
前述のような相続人調査を開始するタイミングに照らすと、一律に相
続人調査を開始する運用でたまたま比較的単純な相続関係である場合
のほかは、少なくない事案で、相続人調査に至る時点で複雑な相続関
係であることが予想される。殊に、相続人調査を行う担当者において
は、数代に渡る相続関係を把握する必要がある、他の地方団体に問い
合わせる必要がある、民法（事案によっては改正前のものも含む。）
の相続の規律を理解する必要がある、昔の手書きの戸籍で記載を判読
することができないことがある、戸籍が紛失・廃棄されていることが

ある、外国籍・無戸籍により戸籍による調査ができない、などの切実な悩みも多くあるだろう。

なお、最近新設された地方税法384条の3は、条例に基づく現所有者の申告対応を定めており、地方団体における権利者把握の簡易・迅速化が期待される。しかし、当該申告対応については納税者側に対して必ずしも周知されているものではなく、現時点で、固定資産の実体的所有関係の把握が決定的に容易になったとまでいうことができる状況にはなく、依然地方団体における相続人調査の負担は残っている。

以下では、地方団体において課税行政上の職権調査の一環として自前で相続人調査を行うことを想定し、その際の注意点を説明する。現場から聞こえてくる上述の切実な悩みを全て解消するものではないが、一助となれば幸いである。

⑵ 全 般

相続人は戸籍で確認する（なお、外国籍の者など親族関係を戸籍で確認することができない場合もあろうが、本稿では説明の対象外とする。）。第4章で説明がある相続放棄は実務上もよく見られる対応であるが、戸籍上は明らかとならない。その他、相続欠格（民法891条）、廃除（民法892条）という法律上定められた相続人確定に影響を与える要素もあるが、やや特殊な事項と思われるため本稿の説明対象外とする。

全体としては、相続放棄等がないことを前提にして相続人調査を進めていき、とりあえずの相続人を確定させることになる。その後相続放棄等が判明したことにより追加調査の必要が生じた段階で、継続分の調査を再開するというのが現実的な対応となろう。実際にも、地方団体から相続人として納税通知書を送付されて初めて相続債務の存在を知ることもあり、そのような場合、順次相続放棄がされていき時間が経ってもなかなか相続人が確定しないということもある。

　なお、基本的には相続発生時点での民法の規定が適用されることとなるから、古い時期の相続が調査対象となってくる場合には、現行とは異なる相続のルールとなっていることがある点に注意を要する（本稿では、特段の指摘をしない限り、現行民法を前提として説明する。）。

ア　調査方針

相続人把握の概要

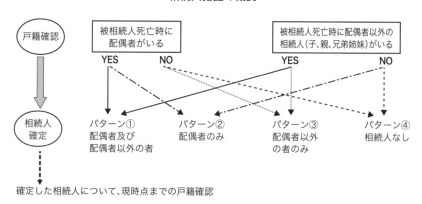

確定した相続人について、現時点までの戸籍確認

　第2章で説明があるとおり、相続人に該当する者としては、一つの地位として配偶者、もう一つの地位として配偶者以外の者がある。後者については、順位に応じて相続人が定まるものであり、先順位の相続人が確定すれば、後順位の者は相続人とならない。

　まずは、被相続人の出生から死亡までの戸籍をすべて取得・確認することによって、配偶者及び子の存在を確認することになる。最も単純な方の相続関係であれば、これだけで相続人が確定し、調査が終了することもある。

イ　配偶者

　被相続人の配偶者は常に相続人となる（民法890条）。

　そのため、常に、戸籍により配偶者の有無を確認する。被相続人死亡時の配偶者が相続人になるものであるから、離婚・再婚等によって生前複数の配偶者があった場合には、被相続人死亡時点の配偶者を把

握する必要がある。逆に言うと、元の配偶者は、配偶者としての相続
人の地位を有しない。

　戸籍で把握するということの帰結として、いわゆる内縁関係にある
者は、配偶者としての相続人の地位を有しない。

　被相続人の死亡時点で配偶者がある場合でも、現時点までにさらに
配偶者の死亡による相続が生じている可能性があるから（後述の数次
相続の問題）、配偶者が現時点で存命か戸籍により確認する。

ウ　子

第一順位相続人把握の概要

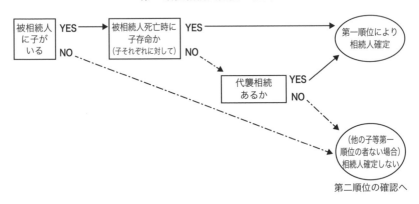

　配偶者を別枠として、子が第一順位の相続人である（民法887条1項）。

　子についても、原則として戸籍上確認できる法律上の子をすべて把
握する必要がある。養子縁組により子となる「養子」も当然に該当す
るし、いわゆる「婚外子」も当然に該当する。

　被相続人に子がある場合でも、被相続人の死亡より前に子が死亡し
ている場合は、代襲相続（民法887条2項。本来の相続人となるべき者
の地位をそのまま引き継いで相続人となること）が生じうるからさらな
る戸籍確認によりその子（被相続人の孫）を把握する必要がある。なお、
子については、代襲を繰り返す再代襲の余地もある（民法887条3項）。

　被相続人の死亡時に子が存命しているか、代襲相続の対象となる者

があれば、第一の順位によって被相続人の相続人は確定する。この場合でも、現時点までにさらなる相続が生じている可能性があるから（後述の数次相続の問題）、確定した相続人が現時点で存命か戸籍により確認する。

　そもそも子がないか、あるいは子があって代襲相続の余地が生じるけれども代襲相続の対象となる孫等がない場合（結局、被相続人死亡時に子等が一人もない場合）、第一の順位によっては相続人は確定しない。さらなる戸籍確認が必要となる。

エ　親

第二順位相続人把握の概要

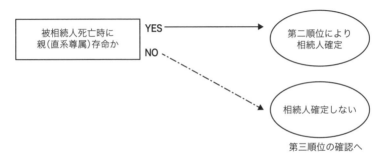

　第二順位の相続人は親である。厳密には、被相続人の直系尊属（親、祖父母、曾祖父母…）のうち被相続人に親等が近い者である（民法889条1項1号）が、通常は親として理解しておけば足りるだろう。

　親についても、戸籍上確認できる法律上の親をすべて把握する必要がある。養子縁組により親となる「養親」も当然に該当する。特別養子縁組（民法817条の2）ではない普通の養子縁組においては、縁組によっても既に親である者の地位に影響を与えないため、事案によっては「親」に該当する者が2名を超えることも起こりうる。

　親が亡くなっている場合には、その親（被相続人の祖父母）を確認することになるが、これは代襲相続の問題ではなく、直近親等の直系尊属を確定させるための対応である。

被相続人の死亡時に親（直系尊属）があれば、第二の順位によって被相続人の相続人は確定する。この場合でも、現時点までにさらなる相続が生じている可能性があるから（後述の数次相続の問題）、確定した相続人が現時点で存命か戸籍により確認する。

被相続人の死亡時に親（直系尊属）がない場合、第二の順位によっても相続人は確定しない。さらなる戸籍確認が必要となる。

オ　兄弟姉妹

第三順位相続人把握の概要

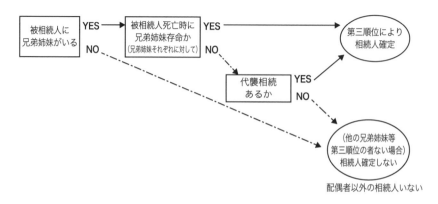

第三順位の相続人は兄弟姉妹である。ここでも戸籍上確認できる法律上の兄弟姉妹をすべて把握することとなる。第三順位の兄弟姉妹まで戸籍を確認する場合には、被相続人にとって横方向にも広がりをもって親族を把握することになるから、確認すべき戸籍の本籍地が多岐にわたり、取得・確認する戸籍の総分量も増える状況も多くなるだろう。

この際、特に注意すべきは「被相続人」にとっての兄弟姉妹を過不足なく確認するということである。両親を同じくする兄弟姉妹のほか、片親のみ同じくする兄弟姉妹も法定相続分は異なるものの相続人となる。原則として被相続人の親の出生から死亡までの戸籍をすべて取得・確認し、被相続人にとっての兄弟姉妹を、漏れなく把握することが必要である。

　被相続人の死亡より前に兄弟姉妹が死亡している場合は、さらにその子を確認する必要がある（代襲相続。民法889条2項）。兄弟姉妹については、子の場合と異なり、基本的には再代襲の余地はない（なお、昭和55年以前に発生した相続にあっては、兄弟姉妹における再代襲が生じうることに注意を要する。）。

　被相続人の死亡時に兄弟姉妹が存命しているか、代襲相続の対象となる者があれば、第三の順位によって被相続人の相続人は確定する。この場合でも、現時点までにさらなる相続が生じている可能性があるから（後述の数次相続問題）、確定した相続人が現時点で存命か戸籍により確認する。

カ　死亡時を意識すること

　これまで説明してきた中で個別に指摘していることでもあるが、被相続人の死亡時点の相続人を確認するという意識を持って調査を進めることが重要である。代襲相続の確認も被相続人の死亡時の相続人を確定させる作業の一環である。

　後述の数次相続は被相続人の死亡後に生じた別の相続の話であり、混同してはならない。

キ　数次相続の問題

　被相続人の死亡時の相続人が確定したとしても、相続人のうち何名かがその後（ベースとなる被相続人の死亡後）さらに死亡しているという状況もある。当初の相続を前提にその相続人について二次的に生じる相続であることから、二次相続、より一般に三次以降の相続も含め数次相続ともいう。

　課税実務においては、賦課期日の固定資産所有者を確定することのみならず当該固定資産にかかる納税義務の承継者を確認することも必要となりうるから、数次相続も含め、現時点までの相続状況を相続人調査によって把握することが求められるだろう。

ク　相続人がない場合

　相続人調査により相続人を確認することができない場合、すなわち、被相続人に配偶者がなく、かつ第一〜第三の順位に該当する者がない場合、第4章で説明があるとおり、必要に応じて相続財産管理人による対応を検討することになる。

3 相続人の確定について

■【ケース5-1】

・従前の固定資産所有者（納税義務者）Aが死亡し、相続人調査の結果、図のとおりの状況であることが判明した。

・A令和2年10月1日死亡。

・その他の関係者の死亡日：C令和2年9月1日、F令和2年11月1日、K令和3年2月1日。

・遺言はなく、現時点（令和3年5月と想定）まで遺産分割未了。賦課期日（令和3年1月1日）の納税義務者は誰でしょうか。現時点で納税義務者は誰になりますか。

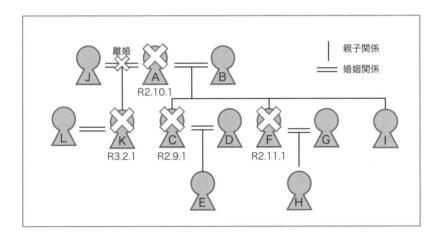

　被相続人A死亡時に配偶者Bがあり、BはAの相続人となる。元の配偶者Jは、相続人とはならない。

　次に被相続人Aの子として、C、F、I、Kがいる。Cは被相続人Aより先に死亡しているため、代襲相続の確認が必要となる。Cには子Eがいるため、EがAの相続人（代襲相続）となる。なお、Cの配偶者Dは代襲相続しない。

F、I、Kは被相続人Aの死亡時に存命であるため、Aの相続人となる。なお、Fの配偶者G及び子Hは被相続人Aの相続人とはならない。Kについては、元の配偶者との間の子であるが、Aの子であるため、相続人から外れることにはならない。

　ここまでで、Aの相続人は、B、E、F、I、Kであることが確認できた。

　本ケースでは、Aの死亡後、賦課期日（令和3年1月1日）前にFが死亡し、二次相続が発生している。

　Fの相続人を確認すると、配偶者G及び子Hとなる。

　そうすると賦課期日の固定資産所有者（納税義務者）は、B、E、G、H、I、Kとなる。彼らは、固定資産の共有者として固定資産税の連帯納税義務を負う（第3章**6**）。

　賦課期日後に、Kが死亡し、二次相続が発生している。

　Kの相続人を確認すると、Kには子はないから配偶者L及び親JがKの相続人であり、Kの納税義務を承継したことになる。J、Lは、Kの連帯納税債務につき、Kの相続についての法定相続分J3分の1、L3分の2の割合で債務を承継し、その限度において他の連帯納税義務者と連帯責任を負う（やや細かい点であるため、「その限度において～」の意味については本稿では立ち入って説明しない。）。

　結局、現時点での納税義務者は、B、E、G、H、I、J、Lとなる。

判読困難な資料！？

　戸籍調査において古い時期の戸籍を確認しなければならない場合、手書きで情報が記載されているものを読み解くことになる。手書きであるがゆえにそもそも判読不能であったり、現在では見慣れない文字が使われていたりすることがあって、戸籍調査を行う担当者の悩みの種となっているようである。

　弁護士の業務においても似たようなことがある。

　過去の裁判例を調査する場合、手書きのものを読み解くことまではないものの、カタカナ交じりの文語体、旧字が用いられているために、内容の理解に少し時間が掛かるということがある。

　例えば、大正8年3月3日大審院の判決は次のような具合である。

　「権利ノ行使カ社会観念上被害者ニオイテ認容スヘカラサルモノトー般ニ認メラルル程度ヲ超エタルトキハ権利行使ノ適当ナル範囲ニアラサルヲ以テ不法行為ト為ルモノト解スルヲ相当トス」

　これは、「権利の行使が社会観念上被害者において認容すべきでないと一般に認められる程度を超えたときは、権利行使の適当な範囲ではないため不法行為となると解するのを相当とする。」という現代的言い回しとなる。

　同様に、古くに成立した法令で現在も効力を有するものは、いわゆる六法全書にも文語体のまま掲載されている。

　例えば、明治32年に施行され現在も有効な失火責任法（失火ノ責任ニ関スル法律）は、「民法第七百九条ノ規定ハ失火ノ場合ニハ之ヲ適用セス但シ失火者ニ重大ナル過失アリタルトキハ此ノ限ニ在ラス」と掲載される。

　これは、「民法第709条の規定は失火の場合にはこれを適用しない。但し、失火者に重大な過失があったときはこの限りではない。」という現代的言い回しとなる。

　手書きで判読不能と言えば、医師が記載する診療記録（カルテ）だろう。医療過誤等の専門分野に手を出さない弁護士でも、交通事故の案件対応にあたって依頼者である事故被害者等の診療記録（カルテ）

を確認することがある。その性質上、医学用語、外国語、図・記号等が混在していることもあって、判読に困難を伴うことも多い。

　おや、もっと頻繁に判読不能という事態に遭遇していた。それは…、自分で書いたメモの記載である。相談・打合せや電話対応等でのメモが全然読み解けない。多くの弁護士の悩みの種ではないだろうか。

〔露木洋司〕

4 納税通知書について

(1) 納税通知書の意味

納税通知書は、地方税法において次のとおり定義される。

地方税法
第1条第1項第6号

納税通知書

納税者が納付すべき地方税について、その賦課の根拠となった法律及び当該地方団体の条例の規定、納税者の住所及び氏名、課税標準額、税率、税額、納期、各納期における納付額、納付の場所並びに期限までに税金を納付しなかった場合において執られるべき措置及び賦課に不服がある場合における救済の方法を記載した文書で当該地方団体が作成するものをいう。

ここではとりあえず、簡単に、納税者に納税額を告知する文書というぐらいで捉えておけばよい。

(2) 賦課課税方式

納税通知書の意味をより深く理解するにあたって、固定資産税の課税方式の理解が不可欠となるからここで説明する。

固定資産税は、毎年1月1日を賦課期日として、市町村の区域内に所在する固定資産の同日現在の所有者に対して課されるものであり、賦課課税方式がとられている。賦課課税方式とは、課税庁の処分により納税額を確定して納税者に課税する方式のことであり、納税者の申告によって納税額を確定する申告納税方式と対比的に理解される。固定資産税についての賦課課税方式の特徴としては、納税通知書を納税者に送付することによりその租税債権が具体的に成立することのほか、「課税庁が、納税者とともにする実地調査、納税者に対する質問、納税者の申告書の調査等のあらゆる方法により、固定資産評価基準に

従った公正な評価を行って価格を決定する義務を負っている」こと（東京地判平成28年10月26日判時2345号85頁参照）、「納税者にとってその税額計算の基礎となる登録価格の評価が過大であるか否かは直ちには判明しない場合も多い」こと（最判平成22年6月3日民集64巻4号1010頁参照）、「課税処分の過誤について、国家賠償法による救済を否定することの不当性が特に顕著となる」こと（神戸地判平成17年11月16日判自285号61頁参照）などがある。

　なお、地方税法は地方税の徴収の方法として普通徴収（地方税法（以下「法」という。）1条1項7号）、申告納付（同8号）、特別徴収（同9号）、証紙徴収（同13号）を規定しており、「普通徴収」が賦課課税方式のことを意味する。

(3)　納税通知書の重要性

　賦課課税方式との関係では、納税通知書を納税者に交付することによって納税額が具体的に確定するという点が重要である。つまり、納税通知書を納税者に送付することは、賦課期日時点で抽象的に発生する納税義務について具体的なものとして確定して賦課するという1個の課税処分（行政処分）としての性質を有することになる。

　納税通知書は、賦課額を確定し、かつ納付を命令するものであるから、これに記載すべきこととされている事項（根拠規定、納税者の住所・氏名、課税標準額・税額等、納期・納付場所等、不服の対応方法等）について記載せず、または誤って記載した場合にはその賦課が無効または取り消すべき処分となりうるため、課税実務上非常に重要な文書ということになる。

(4)　適切な送付先

　続いて、納税通知書の適切な送付先について説明する。

　書類の送付について、地方税法には次のとおり規定される。

> **地方税法**
> **第20条第1項**（抜粋）　地方団体の徴収金の賦課徴収又は還付に関する書類は、郵便若しくは信書便による送達又は交付送達により、その送達を受けるべき者の住所、居所、事務所又は事業所に送達する。

　まず、「送達」という法律用語は、主に書類送付によって生じる効力との関係で、日常で使われる「送付」とは異なる特別の意味を持つこともある。しかし、本稿では、説明の便宜上、「送達」も含め、書類を送付すること全般について「送付」という言葉を用いることにする。

　賦課徴収に関する書類としては、納付または納入の告知に関する書類、更正または決定に関する書類、督促に関する書類、差押に関する書類があるとされ、納税通知書は、第一義的に賦課額を確定し、かつ納付を命令するものとして、地方団体の徴収金の賦課徴収に関する書類に該当することになる。そのため、この条文に定められた方法で送付する必要がある。

　固定資産所有者が存命である場合、当該所有者の住所等に、当該所有者を名宛人とする納税通知書を送付するという対応について迷いが生じることはないだろう。また、相続が生じていても相続人が一人であれば、当該相続人に送付する以外の選択肢を見付けるほうが難しく、実際問題として判断に迷いが生じることは少ないはずである。

　では、相続人が複数ある場合等はどのように考えればよいか。以下では、ケースを見ながら検討していく（なお、ケースの登場人物は原則としていずれも成人とし、被相続人は課税客体となる固定資産を所有していたものとする。）。

5 納税通知書の送付方法①（賦課期日前に死亡している場合）

■【ケース5－2】

- ・令和2年10月31日被相続人A死亡。
- ・賦課期日令和3年1月1日。
- ・Aの相続人：妻B、子C、子D。
- ・遺言はなく、現時点（令和3年5月と想定）で遺産分割未了。
  この場合、納税通知書は誰に送付すべきですか。

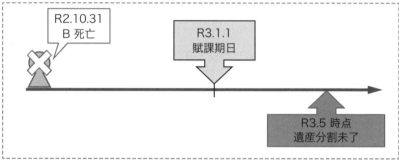

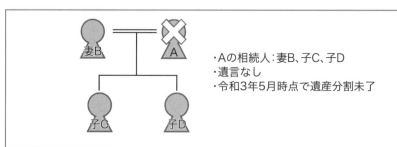

・Aの相続人：妻B、子C、子D
・遺言なし
・令和3年5月時点で遺産分割未了

(1) 賦課期日における納税義務者

　第2章及び第3章で説明があるとおり、台帳課税主義の例外の場面である。

　地方団体としては、賦課期日である1月1日時点での固定資産の実

体的所有者を把握する必要があり、本ケースでは、B、C、Dが共有していることになる。

(2)　送付先についての考え方

第3章で説明があるとおり、法10条、10条の2により、固定資産の共有者は、固定資産税について連帯納税義務を負う。そして、地方団体は連帯納税義務者の一人に対して、または同時もしくは順次にすべての連帯納税義務者に対して、連帯納税義務にかかる地方団体の徴収金の全部または一部についての納税の告知等をすることができる。

(3)　本ケースにおいて

本ケースでは、B、C、Dは固定資産の共有者として連帯納税義務を負う状況である。

そのため、地方団体は、ある1名（例えばB）に対してでも、B、C、D同時またはB、C、Dにつき適宜の順番によって全員に対してでも、納税通知書を送付することができる。

ただし、税額の確定処分としての納税の告知は、各人に対して行わなければその効力は生じないとされる。すなわち、Bのみに対して納税通知書を送付して全額を請求してBが支払わない場合は、C、Dに対しては未だ納税義務が具体的には発生しておらず、このままではC、Dから徴収することはできない。この点については後のケースで説明する。

6 納税通知書の送付方法② (賦課期日後に死亡した場合)

> ・賦課期日令和3年1月1日。
> ・令和3年1月31日被相続人A死亡。
> ・Aの相続人：妻B、子C、子D。
> ・遺言はなく、現時点（令和3年5月と想定）で遺産分割未了。
>   納税通知書の送付対応はどのようになりますか。

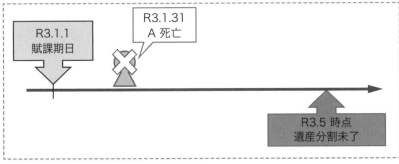

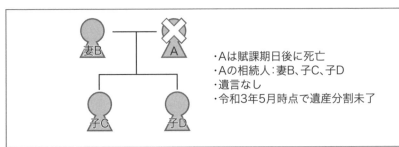

(1) 賦課期日における納税義務者

賦課期日においてA存命であり、当時の納税義務者はAである。

(2)　納税義務の承継について

第3章で納税義務の承継として説明があるが、遺言がない場合は、被相続人の納税義務については、基本的に法定相続分に応じて各相続人に承継される（法9条3項に基づく連帯納付責任は別問題である。）。

ここで、法9条1項の承継される地方団体の徴収金としては、被相続人に課されるべきものと被相続人が納付し、または納入するべきものとがある。

「課されるべき〜」は、相続開始のときにおいて、被相続人について既に課税要件が充足し抽象的に納税義務は成立しているが、未だ賦課決定等により納税義務が具体的に確定するに至っていない地方団体の徴収金をいう。他方「納付し〜」は、相続開始のときにおいて被相続人につき賦課決定等により既に納税義務が具体的に確定しているものをいう。

相続人に対する納税通知書の送付先を問題とする本稿においては、相続開始後、未だ納税通知書の送付による賦課決定がなされていないことを前提とするものであり、「課されるべき〜」のほうで考えていくことになる。実務上、被相続人への納税通知書送付後に相続による承継が生じた場合、例えば督促や差押の段階で初めて相続人に対する書類送付対応が問題となる場面においては、「納付し〜」のほうで検討することも生じる。

(3)　本ケースにおいて

本ケースでは、A死亡時にAに対して成立している抽象的納税義務が、Aの相続人B、C、Dに相続のルールに従って承継される状況である。

各人の相続分に応じて按分した額を各人に対する賦課額として、すなわちB2分の1、C、D各4分の1の賦課額として、各人に対して納税通知書を送付することになる。

なお、書類受領の代表者（法9条の2）については、**11**以下で説明する。

7 納税通知書の送付方法③（死亡を知らなかった場合・賦課期日後に死亡）

■【ケース5−4】

- ・賦課期日令和3年1月1日。
- ・令和3年5月時点でA死亡を知らず、A宛に納税通知書を送付。
- ・同居の妻Bが受領。
- ・妻Bの申出によりAが令和3年1月31日に死亡していたことが判明。
- ・Aの相続人：妻B、子C、子D。

  この場合、改めて納税通知書を送付する必要がありますか。

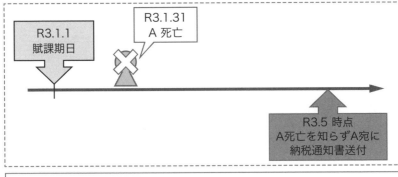

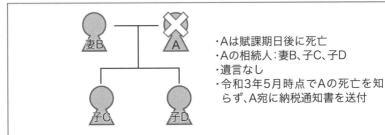

- ・Aは賦課期日後に死亡
- ・Aの相続人：妻B、子C、子D
- ・遺言なし
- ・令和3年5月時点でAの死亡を知らず、A宛に納税通知書を送付

(1)　関連規定の確認

　被相続人の死亡を知らないでした地方団体の対応につき、次のとおり規定されている。

地方税法

第9条の2第4項　被相続人の地方団体の徴収金につき、被相続人の死亡後その死亡を知らないでその者の名義でした賦課徴収又は還付に関する処分で書類の送達を要するものは、その相続人の一人にその書類が送達された場合に限り、当該被相続人の地方団体の徴収金につきすべての相続人に対してされたものとみなす。

　これは、被相続人名義でした処分の効果を確定させることによって賦課徴収等の手続の円滑化を図る趣旨の規定であり、地方団体において被相続人の死亡を知らずにした場合の特則である。被相続人の死亡が判明している場合には、上記特則を適用する前提を欠くため、次のケースでも説明するように、状況に即して適切な相続人に送付しなければならないことになる。

(2)　本ケースにおいて

　本ケースでは、Aの死亡を知らないまま、Aに対して納税通知書が送付され、相続人の一人であるBがこれを受領した状況である。

　前述の規定に照らすと、相続人の一人BがA宛の納税通知書を受領していることから、C、Dに対しても納税通知書が送付されたものとみなされることになる。そのため、改めて納税通知書をB、C、D宛に送付する必要はない。

　ただし、関知しないところで課税手続が進んでしまうとしたら納税義務者から不満が出ることもあるだろうから、特に、直接書類を受け取ったことが確認できないC、Dについては、便宜のためにも、案内の通知書を改めて送付するという対応も実務上検討されてもよいだろう。

8 納税通知書の送付方法④（死亡を知らなかった 場合・賦課期日前に死亡）

■【ケース5-5】

【ケース5-4】で、Aが令和2年10月31日に死亡していた場合ではどうなりますか。

- ・賦課期日令和3年1月1日。
- ・令和3年5月時点でA死亡を知らず、A宛に納税通知書を送付。
- ・同居の妻Bが受領。
- ・妻Bの申出によりAが令和3年1月31日に死亡していたことが判明。
- ・Aの相続人：妻B、子C、子D。

この場合、改めて納税通知書を送付する必要がありますか。

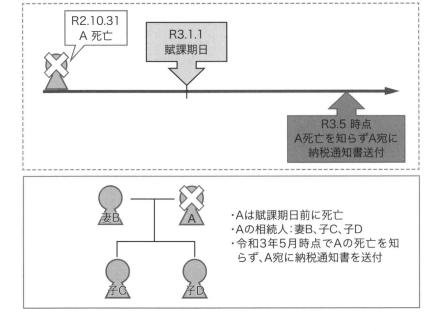

　賦課期日にＡが死亡しているのであるから、Ａを名宛人とする固定資産税賦課処分は遡って名宛人が存在しないものとして課税要件を充足せず無効となると考えられそうでもある。

　しかし、前述の規定は、地方団体が被相続人の死亡を知らない場合の処理の特則であり、現実の被相続人の死亡と賦課期日との先後関係は考慮要素とされていない。実質的に考えても、この規定が想定する状況にあっては、死亡と賦課期日の先後に応じてその効果に違いを生じさせるべき事情等は特に見受けられない。

　結局、賦課期日に名宛人が死亡している場合であっても適用されるものと考えられ【ケース５－４】と対応としては変わらないものとなる。

9 納税通知書の送付方法⑤（相続財産管理人の場合）

■【ケース5−6】

・賦課期日令和3年1月1日。

・その後、納税義務者Aが死亡。

・Aには相続人がなく、相続財産管理人Bが選任された。

　この場合、納税通知書の名宛人及び送付先はどのようになりますか。

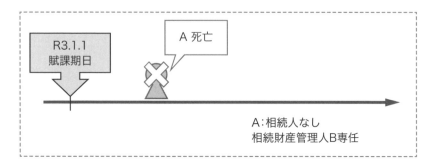

(1) 相続財産管理人について

　第4章で説明があるとおり、相続財産法人（民法951条）が成立した場合、続いて、利害関係人等の申し立てを経て家庭裁判所により相続財産の管理人（民法952条）が選任される。

　この管理人は、自己の財産をもって相続財産の管理をするものではなく、相続財産自体からの拠出等により、相続財産が負担すべき債務の支払対応等の管理をするに過ぎない。そのため、管理人自らが納税義務者になるわけではない。

(2) 送付先

　前述のとおり、法20条1項は、賦課関係書類の送付を受けるべき者の住所等に送付すべき旨規定している。

　相続財産管理人は、相続財産を管理する業務の一環として、相続財

産法人に関する納税義務につき書類の送付を受ける権限を有すると考えられる。そのため、送付先は相続財産管理人の住所等となる。

⑶ 氏名等の表示

納税通知書に記載すべき「住所及び氏名」（法1条1項6号参照）は、一般に次のような表示方法とすることが多いようである。

（亡Aの最後の住所）
○○県○○市○○町○丁目○番○号
   納税義務者 亡A相続財産
        代表者相続財産管理人 B

10 納税通知書の送付方法⑥（賦課課税方式との関係）

　これまでの説明で出てきたところで詳細には説明しなかったが、納税義務を具体的なものとして確定して賦課するということの意味の確認のため、ここでケースを見てみる。

■【ケース5－7】

・令和2年10月31日被相続人A死亡。

・賦課期日令和3年1月1日。

・相続人10名あり。

・遺言はなく、現時点（令和3年5月と想定）で遺産分割未了。

・相続人のうちB一人に対して「Bほか9名」として納税通知書を送付
　この場合、具体的納税義務は誰に発生していますか。

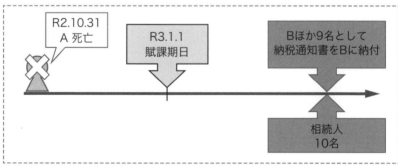

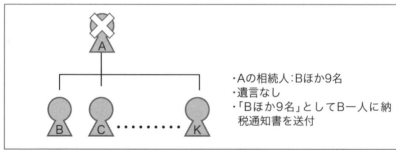

(1)　賦課期日時点における納税義務者

　まず、賦課期日時点でもとの固定資産所有者が死亡しているから、台帳課税主義の例外として、現実の所有者が納税義務者ということになる。賦課期日時点で遺産分割未了であるから、固定資産は相続人10名による共有状態にあることになる。

　固定資産についての共有者は連帯納税義務を負うものである。したがって、Bを含む相続人10名は、本来、共有者として、各人が連帯して納税義務を負う。

(2)　納税義務が具体的に発生しているか

　ただし、納税義務は、納税通知の交付を受けることによって初めて具体的に生じるものである。

　そうすると、納税通知書が送付されたBに対しては、確定的に具体的納税義務が生じていることになる。他方、B以外の相続人については、納税通知書の送付による賦課処分が行われていないから、未だ具体的納税義務は生じていない。

(3)　他の者に対する対応

　B以外の相続人においても抽象的な納税義務があることに変わりはないから、当然、今後の納税通知書の送付対応によって具体的な納税義務を生じさせることは可能である。

　地方団体としては、納税義務を負う者の一人からでも満額の徴収ができれば足りるものと考えるのは自然であり、他の相続人の資力・やり取りの難易等いろいろな状況を見極めながら、随時適切な賦課処分のあり方を検討することになろう。なお、他の納税義務者に納税通知書を送付しないことの一応のリスクとして、納付を期待して納税通知書を送付した者について滞納が生じた場合でも、他の者には具体的納税義務が発生しておらず延滞金が生じないということがあるから、注

意が必要である（納税通知書の送付と納期限との関係については法364条9項参照）。

⑷　裁判例の紹介（大阪高判昭和58年3月30日行集34巻3号566頁）

本ケースのモデルとした裁判例において、概ね次のように指摘されている。

　　共有土地についての固定資産税は、共有者が連帯して納付する義務を負う。固定資産税は賦課課税方式をとっているため、納税通知書を納税者に送付することによりその租税債権が具体的に成立する。

　　この連帯納付義務については民法の連帯債務の効力等の規定が準用されているが（地方税法10条）、納税通知書の送付による納税の告知は、履行の請求としての効力のほか、税額確定の効力を有しており、税額確定の効力は、民法434条にいう「履行の請求」に含まれないから、この法条を準用する余地はない。

　　したがって、共有土地についての固定資産税は、納税通知書の送付によりその名宛人として送付を受けたものに対してのみ具体的租税債権が成立し、その他の連帯納付義務者は、抽象的租税債務を負担するにとどまり、未だ具体的租税債務は成立しないことになる。

⑸　時効中断との関係

第3章**6**で連帯納税義務者の一人への請求と他の連帯納税義務者の時効の中断の関係について説明がある。

第3章では、税額確定がなされた後で、納税がなされない場合に行われる「督促」と時効中断の関係についての説明がなされている。これに対し、本ケースで扱うのは「納税通知書」の効力の話である。納税通知書は、督促より前の段階で送付されるものである。

上記⑷の裁判例では、納税通知書の効力として「履行の請求としての効力」だけでなく「税額確定の効力」を有するとされている。状況

によっては、納税通知書が「履行の請求」として時効中断の効力を有することもあるのかも知れない。

　しかし、基本的には納税通知書は債務を具体的に発生させるものという理解が重要であり、本来、時効中断に関わる「履行の請求」は、具体的納税債務が発生した後における支払が一定期間ない場合の催告の問題であるから、混同しないように気を付ける必要がある。

⑹　名宛人について

　上記⑷の裁判例の事案では、「Bほか169人」という趣旨の記載がある通知書を共有者の一人Cが受け取ったことについて、Cに対する課税処分がなされたと見ることができるかという点も問題となった。

　第1審（神戸地判昭和56年5月29日行集32巻5号868頁）は概ね次のとおり判示し、Cを名宛人とする有効な課税処分がなされたと判断した。

　　本件土地の共有者であるCを含む170名全員を名宛人とするものであって、「Bほか169人」としたのは、単に、これら共有者全員の名を連記する煩を避けるための便宜の措置と解すべきものであるから、Cが本件土地の共有者である以上、Cが「ほか169人」のうちに含まれるのは疑いの余地がなく、本件納税通知書に「C方」と特に記されていること、さらにCが本件土地の共有者170名からなる管理組合の会計理事という地位にあったこと、その他CとY市課税担当者との交渉の経緯などの前認定の事実に照らせば、「Bほか169人」名義あての本件納税通知書がCの住所に送達されてなされた本件課税処分は、本件土地の共有者であるCを含む170名全員を名宛人とするものであり本件納税通知書が本件土地の共有者の一人であるCの住所に送達されたものである以上、本件課税処分がCについて成立し、かつ、効力を有するものであることは明らかである。

ところが第2審（前掲大阪高判）では、概ね次のとおり判示し、C
を名宛人とする課税処分はなされていないものと結論が変更となっ
た。

　　本件納税通知書によれば、Bに対してのみ課税処分をなしたことは
　明らかであるのみならず、処分庁であるYは、本件土地についての昭
　和51年度固定資産税及び都市計画税全額を共有者の一人であるBに対
　して賦課する意思で本件課税処分をなしたものであり、納税通知書の
　「ほか169人」の記載は、全額の課税であることを明らかにする趣旨で
　注記したものにすぎず（この趣旨で注記した事実は原審証人Wの証言
　により認められる。なお、本件納税通知書を共有者全員に送付してい
　ない事実は暫く措くとしても、前叙Y市の課税の取扱いよりみても、
　本件納税通知書の記載をもって共有者全員の名を連記する煩を避ける
　ための便宜の措置と解することは困難である。）、本件納税通知書の記
　載その他によって、B以外のCを含む169名の共有者にとっても自己
　に対して課税処分がなされたと解しうる余地はないのであるから、本
　件課税処分は、Bを名宛人として、同人のみに対してなされたものと
　解するのが相当である。もっとも、本件納税通知書には「C方」と記
　載されて、Cの住所に送付されたことは、前叙のとおりであるが、こ
　れは、前記交渉の結果に基づき、本件納税通知書の送付先を記載した
　にすぎず、右記載及びCの住所に送付されたことをもって、Cに対し
　て本件課税処分がなされたものということはできない。

　この判断の前提部分の事実認定においては、「共有土地についての
固定資産税等は、一筆の全課税標準額及び税額を記載した納税通知書
を原則として不動産登記簿の筆頭者あて送付して課税処分をなし、納
付がない場合等には順次その余の共有者あて納税通知をしているこ
と、賦課課税処分の効力は右納税通知書の名宛人にのみ発生するもの
と解されているので、連帯納付義務を負うその余の共有者が右税額の
全部又は一部を納付したときは、第三者納付の取扱いをしている。」
とのY市の実務の取扱いを確認している。また、「Cは、Y市課税担

当者と本件土地に対する固定資産税等を共有者各人にその持分に応じて分割して賦課されたい旨を交渉したが、容れられなかったので、右筆頭者に一括して賦課された場合には、実際には右管理組合において集金事務を処理せざるをえないこともあって、せめて納税通知書を右管理組合の会計理事であるＣの住所に送付されたい旨を右担当者に申し入れて、その了解を得たこと、その結果本件納税通知書がＣの住所に送付されたこと」といった経緯も確認している。

　すなわち、第２審では、納税通知書の記載からＢに対してのみ課税処分をなしたことは明らかであるとしたうえで、上記事実経緯に照らせば「ほか169人」の記載や「Ｃ方」の記載によってもＣを名宛人とした第１審のような捉え方をすることはできないと考えるものである。

11 相続人代表者指定の法的意味

(1) 相続人代表者指定とは

ア 規定の確認

相続人代表者指定については、次の規定がある。

地方税法

第9条の2（抜粋）

第1項 納税者…につき相続があった場合において、その相続人が二人以上あるときは、これらの相続人は、そのうちから被相続人の地方団体の徴収金の賦課徴収…に関する書類を受領する代表者を指定することができる。この場合において、その指定をした相続人はその旨を相続人に通知しなければならない。

第2項 地方団体の長は、前項前段の場合において、すべての相続人又はその相続分のうちに明らかでないものがあり、かつ、相当の期間内に同項後段の届出がないときは、相続人の一人を指定し、その者を同項に規定する代表者とすることができる。この場合において、その指定をした地方団体の長は、その旨を相続人に通知しなければならない。

1項では、二人以上の相続人が納税義務を承継した場合において、相続人は書類を受領する代表者を指定することができることを規定しており、2項では、一定の場合、地方団体の長において代表者を指定することができるとされている。

イ 相続人による指定

相続があった場合、本来、複数の相続人はその相続分により按分した額の納税義務を承継し、その賦課徴収及び還付に関する書類は、各相続人に対して送付すべきものとされる。しかし、相続人側、地方団体側双方の便宜にもかなうと考えられることから、書類を受領する代表者を指定することができることが定められたものである。

相続人において代表者を指定する場合は、相続人代表者指定届によってなされ、地方税法施行令2条に、代表者の指定に関わる詳細が規定さ

れている。同1項は、「法第9条の2第1項の規定による相続人の代表者
は、その被相続人の死亡時の住所又は居所と同一の住所又は居所を有
する相続人その他その被相続人の地方団体の徴収金の納付又は納入に
つき便宜を有する者のうちから定めなければならない」と定める。

ウ　地方団体の長による指定

代表者の指定の別の方法が2項に定められている。

課税実務上も、相続人による指定届が提出されない場合で、地方団
体が課税手続を進めようとする場合にときどき取られる方法である。

相続人からの届出がないという相続人の行為に関わる要件のほか、
「すべての相続人又はその相続分のうちに明らかでないものがあり」
という、地方団体側の調査状況等をも考慮する要件があることに注意
を要する。

ここで、「明らかでない」とは、地方団体の長が相続人その他の親族、
家庭裁判所、戸籍簿等につき相当程度の調査をしてもなお不明の場合
をいうとされる。

上記イの地方税法施行令2条1項の規定は、地方団体の長が代表者
を指定する場合にも準用される（同4項）。実際には、地方団体側の
判断として何らの誤りがないとしても、選定された相続人において不
満を生じることもあるようである。

⑵　代表者指定の効果

指定された代表者は、被相続人の地方団体の徴収金に関する納税告
知書等の書類を受領する権限を有するものであり、納税告知書等が代
表者に送付された場合には、その書類に係る処分は指定に係るすべて
の相続人に対して効力を生ずるとされる。

代表者の届出が一部の相続人にかかる届出である場合には、その届
出をしていない相続人については代表権限を有する者が存しないた
め、原則どおり、個別の送付対応が必要となる。

12 相続人代表者指定①（賦課期日後に死亡し場合）

- ・賦課期日令和3年1月1日。
- ・令和3年1月31日被相続人A死亡。
- ・Aの相続人：妻B、子C、子D。
- ・遺言はなく、現時点（令和3年5月と想定）で遺産分割未了。
- ・B、CからBを代表者とする相続人代表者指定届が提出された。
  この場合、納税通知書は誰に送付すべきですか。

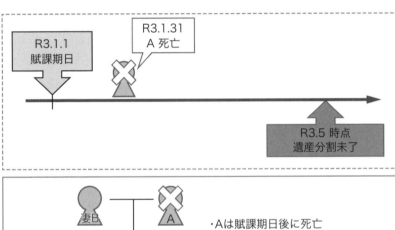

- ・Aは賦課期日後に死亡
- ・Aの相続人：妻B、子C、子D
- ・遺言なし
- ・令和3年5月時点で遺産分割未了

⑴　納税義務の承継

　本ケースでは、配偶者である妻B2分の1、子であるC、D各4分の1の割合で各人が被相続人Aの納税義務を承継している。

⑵　送付先

　本ケースでは、B、C分は代表者Bに対して、まとめて送付すべきことになる。この場合、Bは、Cを名宛人とする納税通知書の受領権限を有するにとどまるから、Bにまとめて送付する納税通知書は、B、Cそれぞれに対する承継税額が明らかとなる記載により、B、Cそれぞれを賦課の名宛人とする書面である必要がある。

　Bへの送付により、B、Cそれぞれに対して確定的に具体的納税義務が生じることになる。

　代表者が指定されていないDについては、Dの承継税額を明らかにして、原則どおりDに対して送付する必要がある。

13 相続人代表者指定②（賦課期日前に死亡した場合）

■【ケース5−9】

・令和2年10月31日被相続人A死亡。

・賦課期日令和3年1月1日。

・Aの相続人：妻B、子C、子D。

・遺言はなく、現時点（令和3年5月と想定）で遺産分割未了。

・B、C、DからBを代表者とする代表者指定届が提出された。

　この場合、納税通知書は誰に送付すべきですか。

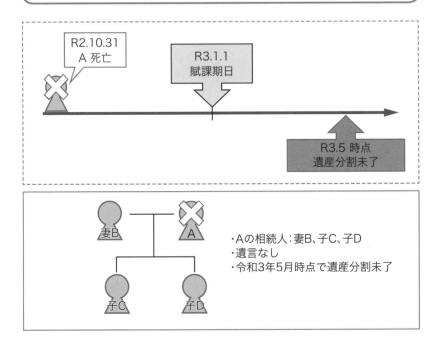

(1) 代表者の指定

　実務上、固定資産所有者が死亡した場合、相続人が複数あり固定資産取得について遺産分割協議がまとまっていない状況にあっては、代表者を指定する書面の提出を受けることがある。

　前述の地方税法9条の2第1項に基づく指定は納税義務を承継した場合を想定するものであり、そもそも共有者として連帯納税義務を負う場合には同条項に基づく指定をすることはできない。

　相続人側としては、被相続人の死亡と賦課期日の先後により違いが生じるとは発想しづらいだろうが、本書で説明しているとおり、賦課期日の納税義務者の確定と納税義務の承継とでは適用される条項や問題状況が明確に異なるものであるから、課税実務上、混同しないよう注意する必要がある。

(2)　賦課期日の納税義務者

　本ケースではB、C、Dが固定資産を共有していることになるから、固定資産税についてB、C、Dが連帯納税義務を負う。

(3)　送付対応

　地方団体は、Bを代表者とする指定に惑わされることなく、ある1名（例えばB）に対してでも、B、C、D全員に対してでも、納税通知書を送付することができる。ただし、実際問題としては、指定を尊重した対応をしたほうが円滑に事務対応が進むことが多いと思われるため、敢えて当事者の意向に反する対応をする必要性は乏しいだろう。

　なお、法律上の代表者指定がなされていない以上、税額の確定処分としての納税の告知は各人に対して行わなければその効力は生じないという問題があり、この点は**10**(3)で述べたとおりである。

14 相続人代表者指定③（特定の一人に対する納税通知書の送付）

　最後に、複数の相続人がある場合、特定の一人に対してのみ課税対応をしていくことに問題はないのか、相続人代表者指定のあり方及び納税通知書の送付対応等にまたがる問題として、ケースで検討する。

■【ケース5−10】

・Aは固定資産を所有していたが、昭和61年4月死亡した。

・Aの相続人として、子B、Cがあり、現在まで遺産分割未了。

・昭和61年5月、B、Cは、Aの相続につき、Cを代表者とする届出をした。

・平成12年1月Cが死亡し、平成12年2月Bが死亡した。

・Bの相続人として、子D、E、Fがある。

・Eは、B、Cの相続について相続放棄した。

　地方団体として、A名義の固定資産につきDを代表として取り扱い、Dのみに全額を課税することに問題はありませんか。なお、消滅時効については考慮しないものとします。

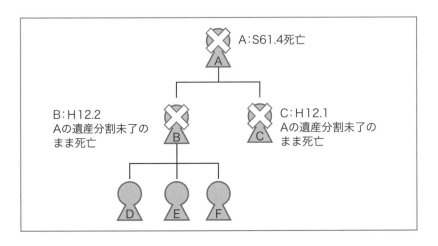

(1)　連帯納税義務者の一人への対応

　連帯納税義務者については、本書で繰り返し述べているとおり、そのうちの一人に対してその全部の納税の告知等をすることができる。

　したがって、地方団体としては、基本的には、連帯納税義務者のいずれに対してでも納税通知書を送付することができ、その方法（名宛人・金額の割り振り・順番等）については裁量がある。

　結局、当該裁量の濫用・逸脱があったかどうかが課税対応の適否の判断の分水嶺になる。一般論の域を出ないが、しっかり外部にも説明ができるような合理的な判断過程があれば、通常、裁量の逸脱・濫用と評価されることは少ないものと考えられる。

(2)　裁判例の紹介（福岡地判平成25年2月26日判自381号21頁）

　まず、本ケースのモデルとした訴訟において、原告Dは、Y市長が、Dが様々な事由を示して代表者になることを拒否していたにもかかわらず、Dの個別的事情を考慮せず、Dの相続人関係や財産関係を全く調査することなく、単にDが年長者であることのみを理由として、Dを代表者とする本件代表者指定を行ったものであり、本件代表者指定には、裁量権の逸脱・濫用による違法がある旨の主張をした。

　これに対し、裁判所は、代表者をDと指定したことについて概ね次のとおり判示し、今回の代表者の指定は地方税法9条の2第2項に基づくものとは捉えられず、固定資産の共有者に対する納税の告知等の問題として整理したうえで（なお、下記判示中の「代表者」とは、法律上の代表者指定を念頭に置くものではなく、課税庁が行った事実上の「代表者指定」を前提にして、議論の対応関係を維持するために用いた表現と考えられる。その実質は、共同相続人の一人に対して全額の納税の告知等を行っている状況を意味するものと捉えられる。）、地方団体の長に裁量があることを明言した。

これは地方税法343条2項後段の「当該土地又は家屋を現に所有している者」として納税義務を負う者の中から納税通知書等を送付する代表者をDとして指定したものであり、同法9条の2第2項に基づく指定ではないことが認められる。

　そうすると、固定資産の所有者として登記されている個人が賦課期日前に死亡しているときには、同日において当該土地又は家屋を現に所有している者を固定資産税等の納税義務者とするのであるから（同法343条2項、702条の8第1項）、単独相続でない限り、遺産分割等により所有者が確定するまでの間、当該固定資産を相続により共有する各共同相続人は、同法10条の2第1項により、他の共同相続人と連帯して当該固定資産に対する固定資産税等を納付する義務を負う。

　このような場合、地方団体の長は、共同相続人のうち一人に対して、又は同時若しくは順次に全ての共同相続人に対して固定資産税等の納税の告知、督促及び滞納処分（以下「納税の告知等」という。）をすることができると解され、共有者である共同相続人のうちいずれの者に対して、また、いかなる順序で納税の告知等を行うかについては、地方団体の長の裁量に委ねられているというべきである。

　続いて、裁判所は、種々の事情を上げ、Dに対してのみ納税の告知等の対応を行っていくという意味での「代表者指定」（くり返しになるが、ここでの「代表者指定」の実質は、共同相続人の一人に対して全額の納税告知等を行うこととした判断状況を意味する。）の判断の合理性を肯定し、裁量権の逸脱・濫用がないものと判断した。

　本件土地の登記名義人であるAは、本件賦課決定の賦課期日前に死亡し、その後、Dが本件不動産の共有者の一人となっていたところ、①DはAの直系血族たる孫であること、②本件代表者指定までにDの妹EはB、Cの相続について相続放棄をしていたこと、③Dが弟のFよりも年長者であること、④Cの存命中には、Dの父親であるBがAの相続人として代表者届に記載されていたことなどの事情が認められる。そして、納付後に他の共有者に対して求償する際や遺産分割を行

う際の便宜等を考慮すると、Dを代表者として指定したことには合理性がある。

　他方、Dは、Y市役所に対し、平成12年4月、代表者届を返送してその提出を断ったこと、同年11月、経済的に苦しいことを理由に代表して固定資産税等を支払うことはできない旨の手紙を送付していることが認められる。しかしながら、Dはもとより本件不動産の共有者として固定資産税等の連帯納付義務を負っていること、そして、納税者の経済状態をもって賦課決定を行わない理由にはならないことからすると、Dの主張する当時の事情を踏まえても、本件不動産の共有者である共同相続人の中からDを代表者として指定したことが、地方団体の長に与えられた裁量権を逸脱・濫用してされたものということはできない。

さらに、裁判所は、次のとおりの説示もしている。

　（納税通知書を自身のみが受け取ってきたことについて、）自分にしか具体的な租税債権が発生せず、他の共有者には何らの具体的な租税債権も発生していない点に不満を抱くことは十分に理解できるところである。そこで、地方団体の長は、必要に応じて、他の連帯納付義務者に対しても納税告知書を送付するなどの措置を講じることにより、そのような不満の解消に努めることが望ましい場合もあり得よう。

　しかしながら、そもそもDは、共有者として独立して共有物全体に係る固定資産税等の連帯納付義務を負っている以上、他の共有者に納税通知書が送付されていないことを理由にして、その納付義務を免れることはできない。

(3)　複数の相続人がある場合の納税通知書の送付対応について

　特に、数代前の相続について遺産分割が未了であったり、相続人自身も被相続人との関係が浅く、対象固定資産の存在を知らなかった場合などでは、実務上理解を得るための説明対応に苦労したり、筋違いのクレームを受けることもあるようである。

上記裁判例の説示は、相続人間の不公平感の緩和に配慮する具体的方策の一例として参考になるのではないか。

〈**参考文献**〉

・地方税務研究会編『地方税法総則逐条解説』（地方財務協会、2017年）
・金子宏『租税法〔第23版〕』（弘文堂、2019年）
・固定資産税務研究会編『固定資産税逐条解説』（地方財務協会、2010年）
・鷲巣研二『よくわかる　地方税滞納整理の実務とマネジメント』（時事通信出版局、2015年）

【露木洋司】

第**6**章

公示送達・
近年の法改正等

1 書類の送達

(1) 書類の送達

　地方団体の徴収金の賦課徴収又は還付に関する書類は、郵便若しくは信書便による送達又は交付送達により、その送達を受けるべき者の住所、居所、事務所又は事業所に送達する。ただし、納税管理人があるときは、地方団体の徴収金の賦課徴収（滞納処分を除く。）又は還付に関する書類については、その住所、居所、事務所又は事業所に送達する（地方税法（以下「法」という。）20条1項）。

(2) 送達が必要となる書類

　「賦課徴収に関する書類」とは、納付又は納入の告知に関する書類、更正又は決定に関する書類、督促状、差押書、差押調書の謄本、債権差押通知書等、地方税法、国税徴収法その他の法令の規定により通知し、又は送達すべき書類等をいう[1]。「還付に関する書類」とは、過誤納金等の還付又は充当に関する書類等をいう[2]。

(3) 送達すべき場所

　「住所」又は「居所」とは、民法22条ないし24条で規定されている住所又は居所をいう[3]。「事務所又は事業所」とは、人的物的設備を設けて、事業活動を継続して行っている場所をいう[4]。個人の場合は以上のすべてが、法人の場合は事務所又は事業所が送達場所となる[5]。

　また、納税管理人がある場合、滞納処分に関する書類を除き、納税

1　地方税務研究会編『地方税法総則逐条解説』（地方財務協会、2017年）601、602頁
2　地方税務研究会・前掲（注1）602頁
3　地方税務研究会・前掲（注1）603頁参照
4　地方税務研究会・前掲（注1）603頁
5　地方税務研究会・前掲（注1）603頁参照

管理人に送達する（法20条1項但書）。相続人の代表者がいる場合、滞納処分に関する書類を除き、相続人の代表者に送達する（法9条の2）。

(4)　送達方法

郵便若しくは信書便による送達又は交付送達による（法20条1項ないし3項）。

交付送達は、地方団体の職員が、前項の規定により送達すべき場所において、その送達を受けるべき者に書類を交付して行う（法20条2項本文）。ただし、その者に異議がないときは、その他の場所において交付することができる（同項但書。いわゆる出会送達。）。また、以下の場合には、交付送達は、前項の規定による交付に代え、当該各号に掲げる行為により行うことができる（法20条3項）。

①　補充送達

送達すべき場所において書類の送達を受けるべき者に出会わない場合、その使用人その他の従業者又は同居の者で書類の受領について相当のわきまえのあるものに書類を交付すること。

②　差置送達

書類の送達を受けるべき者その他前号に規定する者が送達すべき場所にいない場合又はこれらの者が正当な理由がなく書類の受取を拒んだ場合、送達すべき場所に書類を差し置くこと。

(5)　送達の効果及び記録

ア　送達の効力発生時期

通常の取扱いによる郵便又は信書便により送達が必要となる書類（1項に規定する書類）を発送した場合には、この法律に特別の定めがある場合を除き、その郵便物又は民間事業者による信書の送達に関する法律2条3項に規定する信書便物は、通常到達すべきであった時

に送達があったものと推定するものとされている（法20条4項）。

　ここで、通常到達すべきであった時とは、その書類が社会通念上送達を受けるべき者の支配下にはいったと認められる時（送達を受けるべき者が了知し得る状態におかれた時）に生ずる[6]と考えられる。

イ　記録

　地方団体の長は、前項に規定する場合には、その書類の名称、その送達を受けるべき者の氏名、宛先及び発送の年月日を確認するに足りる記録を作成しておかなければならない（法20条5項）。

　この点、法20条4項及び同5項と同趣旨の規定である国税通則法12条2項及び同条3項に関して判断した東京地判平成28年2月16日判例時報2320号27頁がある。同裁判例は、「これらの規定は、次のような趣旨に基づくものであると解される。すなわち、国税徴収法を含む国税に関する法律の規定に基づいて行政機関の職員等が書類を発する場合には、多数の納税者等に対してそれぞれ多数の書類を送達することを要し、逐一交付送達によったり、その引受日および送達日の記録を確保するため書留郵便等によって送達したりすることとなれば、事務が繁雑となり、費用も膨大なものとなってしまう。そこで、簡易な手法で書類の送達を行うことができるよう、普通郵便等によって書類を発送した場合には、通常到達すべきであった時に送達があったものと推定するものとして、書留郵便等による引受日および送達日の記録の確保の負担を要しないものとする一方、かかる推定の前提となる書類の発送の事実を証するため、当該行政機関において発送記録を作成して備え置くものとしたものと解される。」としたうえで、「殊に差押調書謄本のように納税者等に不利益処分を課すための書類の送達については、本来当該処分庁の属する行政機関において立証責任を負うにもかかわらず、その事務的・財政的負担の軽減のために普通郵便等に

6　地方税務研究会・前掲（注1）607頁

よった場合の送達の推定を認め、送達に係る立証上の負担を納税者等の側に負わせているのであるから、推定の前提となる書類の発送の事実を証する発送記録の作成・備置は確実に行われることを要し、これを欠く場合に、他の証拠により書類の発送の事実を証明して上記推定を適用することには慎重な検討を要するものというべきである。」「また、上記推定の適用の可否を措いたとしても、法令上当然に作成されるべき発送記録が作成されておらず、又は適切に記録されていないことは、書類の発送の事実の存在を否定する事情となり得るものとみるべきである。」との判断を示している。同裁判例からすると、送達の推定が認められるようにするために、書留郵便等のように配達記録が残らない普通郵便で発送を行う場合には、記録の作成を徹底する必要があるといえる。

2 公示送達

> 　土地・建物の所有者として登記されているＡが所在不明になり、納税通知書を郵便等により送達することができなくなった。納税管理人もおらず、この土地・建物に使用者もいない。この先どのような手続きを行えばよいですか。

(1)　**総　論**

　ア　はじめに

　地方団体の長は、前条（法20条）の規定により送達すべき書類について、その送達を受けるべき者の住所、居所、事務所及び事業所が明らかでない場合又は外国においてすべき送達につき困難な事情があると認められる場合、その送達に代えて公示送達をすることができる（法20条の2第1項）。書類の送達ができない場合において、徴収金の賦課や徴収等が困難となることを避けるために認められた特別の送達制度である。

　公示送達は、送達を受けるべき者に、送達書類の受領機会を与えるだけのもの、つまり送達されたと擬制するものであり、公示送達により現実の送達書類を受け取る可能性は低い。そのため、公示送達の利用に当たっては、要件該当性を慎重に判断する必要がある。

　なお、民法や民事訴訟法にも公示送達についての規定がある。要件や効力発生時期について、法と異なる内容となっているが、ここでは指摘のみにとどめる（民法98条、民事訴訟法110条ないし113条）。

　イ　要　件

　以下の①又は②に該当する場合、公示送達を行うことができる。

　①　住所等が明らかでない場合

「住所、居所、事務所及び事業所が明らかでない場合」とは、送達

を受けるべき者について、賦課関係帳簿書類の調査、実地調査、市町村役場の調査等その所在を確認する。通常必要と認められる調査をしても、なお住所、居所、事務所又は事業所がともに不明な場合[7]をいう。

所在不明に関する調査として、一般的には以下のような調査を行うものと考えられる(以下では、主として個人の場合を念頭に検討する)。

まず、土地や建物に関して登記された所有権の登記名義人又は表題部所有者を確認し、その者の住民票の写し又は住民票記載事項証明書を入手して、生存及び現在の住所を確認する。住民票の写し等から現在の住所が判明しなかった場合、戸籍の附票等も確認することとなる。

以上により所有者が死亡していることが確認できない場合、住民票の写し等に記載された現在の住所に居住しているか確認する。その際、居住実態の調査、具体的には電気・ガス・水道の使用があるか、郵便物等の受け取り状況はどうか、調査場所の外観はどうなっているか等の調査を行う。それでも居住が確認できない場合には、近隣住民やマンション等の場合にはその管理人等からも聞き取りを行う。

以上の調査は、官公署等への協力要請（法20条の11）や、固定資産税に関する調査に係る質問検査権（法353条1項）等を利用して行うこととなる。

② 外国においてすべき送達につき困難な事情があると認められる場合

「外国においてすべき送達につき困難な事情があると認められる場合」とは、外国又はその他の地域に動乱又は天災等があって書類の送達ができないこと、法令の規定等に基づき外国に郵便物の送達ができないこと等の事情がある場合をいう[8]。

7　地方税務研究会・前掲（注1）610、611頁
8　地方税務研究会・前掲（注1）611頁

ウ 方 法

　地方団体の長が送達すべき書類を保管し、いつでも送達を受けるべき者に交付する旨を地方団体の掲示場に掲示して行う（法20条の2第2項）。「掲示場」とは、地方団体が制定している公告式条例等により設定するものとされている場所である[9]。

　なお、外国においてすべき送達においては、地方団体の長は、公示送達があったことを通知することができるとされている（法施行規則1条の8）。

エ 効 果

　掲示を始めた日から起算して7日を経過したときに、書類の送達があったものとみなされる（法20条の2第3項）。納税通知書の公示送達を例に説明すると、2021年4月1日に掲示を行った場合、掲示を始めた日である4月1日を含む7日を経過した2021年4月8日に、書類の送達があったものとみなされる。

　ただし、納税通知書のように期限のある書類については、その期限前に送達の効力を発生させることが必要となるので、その期間も考慮して公示送達を行う必要がある。例えば、納税通知書の場合、遅くとも納期限前10日までに納税者に交付しなければならないため（法364条9項）、第1期分の期限が2021年4月30日である場合、遅くとも4月13日までに公示送達の掲示を行う必要がある。

オ 【ケース6－1】の検討

　所在不明となったＡの住民票の写し等を取得し、生存又は現在の住所を確認し、所有者が死亡していることが確認できない場合、居住実態の調査を行い、それでも住所などが明らかとならない場合には、公示送達をすることができる。

9　地方税務研究会・前掲（注1）611頁参照

(2) 公示送達の効力等

> 公示送達を実施したが、公示送達を行った時点でその要件を欠いていた場合、公示送達の効力はどうなりますか。

　公示送達は効力を生じないと解される。商標法77条5項により準用される特許法191条に関するものであるが、最判昭和56年3月27日民集35巻2号417頁が参考になる。同判例は、公示送達をするための要件が具備しているということはできない場合にされた公示送達はその要件を欠き効力を生じないと解するのが相当であると判断している。特許法191条1項は「送達を受けるべき者の住所、居所その他送達をすべき場所が知れないとき……は、公示送達をすることができる。」と規定しているところ、法20条の2の構造と同様であるため、地方税法に基づく公示送達についても、同判例と同様に考えられる。

> 　市町村が十分な調査をすることなく公示送達をした場合、例えば郵便による送達が宛先不明で返戻されたことのみを理由とし、住民票による調査や現地調査をすることなく公示送達を行った場合、その効力はどうなりますか。

　通常必要と認められる調査がなされたとはいえないので、公示送達の効力は生じないと考えられる[10]。

10　地方税務研究会・前掲（注1）611頁参照

所在不明土地・建物の件数増加等により、市町村において調査に割くことのできる人員にも限りがある中で、通常必要と認められる調査を十分に行えないような体制である場合、その体制により行われた調査に基づく公示送達は有効ですか。

　所有者不明土地・建物の増加により、十分な調査が行えないことがあることも理解できるところであるが、公示送達は送達があったものとみなすという一種の擬制であり、最後の手段であることからすると、慎重に行う必要がある。そのため、調査を十分行えない体制であったとしても、通常必要とされている調査を行っていない限り、公示送達は無効となると考えられる。

　　受送達者が外国にいる場合であれば、公示送達を行うことができますか。

　送達につき困難な事情がない場合、所有者が外国にいるということだけを理由にして公示送達をすることは公示送達の要件を欠き、公示送達を行うことはできず、公示送達が行われたとしてもその公示送達は無効になると考えられる。

　　公示送達の期間の末日が日曜日等の休日であった場合、公示送達の効力が発生する日に影響がありますか。

　期間の末日が休日に該当しても、公示送達の効果が生じる時期は休日を経過したときであり、この期間は延期されないと解されている[11]。

11　志場喜徳郎ほか編『国税通則法精解平成31年改訂』（大蔵財務協会、2019年）252頁参照

> 　掲示場に掲示した書類が公示期間を経過する前に破損した場合、公示送達の効力はどうなりますか。

　掲示場に掲示した書面につき、掲示を始めた日から起算して7日を経過するまでの間に破損または脱落した場合であっても、公示送達の効力には影響がないと解されている。もっとも、公示送達の効力には影響がないとしても、すみやかに再掲示すべきである[12]。

> 　公示送達実施後、送達場所が判明した場合は、既に実施している公示送達を通常の送達にやり直す必要がありますか。

　公示送達が適法になされていた場合、既に実施した公示送達を取り消す必要はない。但し、送達場所が判明した場合において、その内容によっては、公示送達の要件該当性の判断に疑義が生じる場合、公示送達が無効となる可能性がある。そのため、公示送達の効力に疑義が生じる場合、再送達を行うことを検討することもある。

　また、今後の送達については法20条に規定する送達を行うこととなる。

　なお、公示送達の効力が問題となった場合における送達手続の適法性について、裁判所書記官の送達事務に関するものであるが、名古屋高判平成20年11月27日判例タイムズ1301号291頁が参考となる。同裁判例は、「公示送達の方法による書類送達手続に関しても、裁判所書記官は、公示送達の要件……の判断及び、同要件の調査の要否・方法等について、自己の裁量に基づき判断をなす権限を有していると解されるのであって、裁判所書記官が、相当と認められる方法により収集した認定資料に基づき、住居所等が知れない等と判断した場合には、

12　地方税務研究会・前掲（注1）611頁参照

その認定資料の収集につき裁量権の範囲を逸脱し、あるいはこれに基づく判断が合理性を欠くなどの事情がない限り、当該公示送達の方法による送達手続は適法、有効であると解するのが相当である。」と判断している。地方団体においても、送達の判断及び送達に関する要件調査の要否や方法等について、一定の裁量が認められると考えられるので、同裁判例の基準は、地方団体の公示送達における要件該当性判断においても、妥当するものであると考えられる。

> 課税通知書を掲示して7日が経過する前に、送達を受けるべき者が受領しに窓口に来た場合、どのように対応したらよいですか。

掲示から7日を経過しておらず、公示送達は効力を生じていないので、交付送達を行うこととなる。

> 所在不明として公示送達をしていたが、所有者は公示送達をする前の時点ですでに死亡していることが判明した。この場合、公示送達の効力はどうなりますか。

公示送達の効力は発生しないこととなる。この場合は、相続人調査を行うこととなる。

3 法人が消滅した場合等の取扱い

⑴　法人が事実上所在不明になった場合

　登記事項証明書上の本店所在地に書類を発送しても届かない場合、法人の事務所や事業所を調査のうえ、それでも法人の所在が不明である場合には代表者（代表取締役等）に対して送達をすることとなる。なお、代表者に送達するための所在調査や公示送達については、前述と同様である。

> 株式会社の代表取締役が死亡していることが判明した場合、どのように対応すればよいですか。

　代表取締役が欠けた場合又は定款で定めた代表取締役の員数が欠けた場合には、裁判所は、必要があると認めるときは、利害関係人の申立てにより、一時代表取締役の職務を行うべき者を選任することができる（会社法351条2項）。そのため、納税通知書等を送達するために、地方団体は利害関係人として、一時代表取締役の選任を裁判所に申し立てることが考えられる。

　もっとも、一時代表取締役の報酬や費用等が必要となるため、一時代表取締役の選任申立てにあたっては留意が必要となる。

⑵　合併により法人が消滅した場合

　法人が合併した場合には、合併後存続する法人又は合併により設立した法人は、合併により消滅した法人（以下本章において「被合併法人」という。）に課されるべき、又は被合併法人が納付し、若しくは納入すべき地方団体の徴収金を納付し、又は納入しなければならない（法9条の3）。そのため、法人が合併した場合における固定資産税の課税又は徴収に関して、合併後存続する法人（吸収合併の場合）又は

合併により設立した法人（新設合併の場合）に対して、合併により消滅した法人に課されるべき地方団体の徴収金の納付を求めることができる。

⑶ 破産等により法人が解散し、清算した場合

　法人に関して破産開始手続がなされた場合、納税通知書等については、選任された破産管財人に対して送達する。

　また、法人が清算手続中の場合、清算人（代表清算人を定めている場合は代表清算人）に送達する。清算結了後の場合は、最終の清算人として職務を行った者又は代表権を有していた者に送達する[13]。

---

[13]　地方税務研究会・前掲（注1）602頁

4 相続法の改正と固定資産税実務への影響

　平成30年7月6日に成立した「民法及び家事事件手続法の一部を改正する法律」（平成30年法律第72号）及び「法務局における遺言書の保管等に関する法律（平成30年法律第73号）」により、それまでの相続に関する制度について大きな見直しがなされている。固定資産税の賦課実務と関係するものとして、配偶者が居住建物について配偶者居住権（民法1028条）を取得する場合があげられる。

　固定資産税は、固定資産の所有者に課税されるので、配偶者が居住建物につき配偶者居住権を取得する場合であっても、当該建物の所有者が固定資産税の納税義務者になる。そのため、課税庁は建物の所有者に対して、課税することとなる。

　なお、配偶者は居住建物の通常の必要費を負担するとされているところ、固定資産税は「居住建物の通常の必要費」に含まれると考えられるため、配偶者と所有者との間では配偶者が所有者に対して負担することとなる（民法1034条1項）。そのため、配偶者と所有者との間では、居住建物の所有者が固定資産税を支払った場合、所有者は配偶者に対して求償することができることとなる。

5 所有者不明土地・建物に関する地方税法改正による対応

(1) 条例で定めるところによる申告制度～現に所有している者の申告～

> 　土地の所有者が死亡した場合、当該土地を相続等により承継した者から申告を求めることを義務づけることができますか。

　市町村長は、その市町村内の土地又は家屋について、登記簿又は土地補充課税台帳若しくは家屋補充課税台帳に所有者として登記又は登録がされている個人が死亡している場合における当該土地又は家屋を所有している者（以下この条及び386条において「現所有者」という。）に、当該市町村の条例で定めるところにより、現所有者であることを知った日の翌日から3月を経過した日以後の日までに、当該現所有者の住所及び氏名又は名称その他固定資産税の賦課徴収に関し必要な事項を申告させることができる（法384条の3）。所有者情報を円滑に把握できるようにするために新設されたものである。虚偽申告に関する刑罰（法385条）や不申告に関する過料（法386条）により、実効性が担保されているところである。

　以上より、市町村が条例を制定している場合には、所有者として把握している個人が死亡した場合、現所有者に申告をさせることができる。

⑵　使用者を所有者とみなし課税する制度

> 　所有者不明土地・建物に不法占拠している者がいたり、相続放棄をしながら被相続人の土地・建物に居住している者がいる場合、土地・建物を使用している者に対して固定資産税を課することができますか。

ア　はじめに

　市町村は、相当な努力が払われたと認められるものとして政令で定める方法により探索を行つてもなお固定資産の所有者の存在が不明である場合（前項に規定する場合[14]を除く。）には、その使用者を所有者とみなして、固定資産課税台帳に登録し、その者に固定資産税を課することができる（法343条5項）。

　これは、現実に当該資産を使用収益している者が存在しているにもかかわらず、所有者の存在が一人も特定できない場合には、原則どおり所有者を納税義務者とすれば誰にも課税できないこととなることから、こうした場合に限り、実質的にその固定資産の利益を享受している使用者に対し負担を求めることで課税の公平性を確保する必要がある場合に、課税庁の判断により課税することができることとしているものである。

　なお、法343条5項の適用に当たって留意すべき事項について、「地方税法第343条第5項の規定の適用に係る留意事項について（ガイドライン）」（以下、「ガイドライン」という。）にて整理されており、参考となる。

イ　相当な努力が払われたと認められるものとして政令で定める方法

　固定資産の所有者の住所及び氏名又は名称その他の当該固定資産の所有者の存在を明らかにするために必要な情報を取得するためになされる、住民票、戸籍等の調査、使用者と思われる者等への質問等であ

14　固定資産の所有者の所在が震災等により不明である場合（法343条4項）。

る。詳細は地方税法施行令49条の2及び同施行規則10条の2の12ないし同14に規定のとおりである。

ウ　所有者の存在が不明である場合

所有者の所在が不明であるが、当該所有者の存在が公簿上明らかである場合は、本規定の適用はできないものである[15]と考えられる。

エ　所有者とみなすことができる使用者

「みなす」ではなく、「みなして、……課することができる」と規定されていることから、市長村の判断により課税することができる。

ここで、所有者とみなす「使用者」とは、所有者と同等程度に使用収益している者をいい、臨時的・一時的な使用ではなく、相当期間にわたり恒常的に使用している事実が客観的に確認できる者をいう[16]と考えられる。

オ　使用者への通知

当該市町村は、当該登録をしようとするときは、あらかじめ、その旨を当該使用者に通知しなければならない（法343条5項）。当該使用者が納税義務者となることを認識できるようにするためである[17]。

カ　その他

> 共同の使用者がいる場合に、各使用者を所有者とみなした場合、各人の納税義務はどうなりますか。

使用者が複数人で共同使用している場合、「共同使用物」に該当し、共同使用者は連帯して納付する義務を負うものと考えられる（法10条の2）。

15　ガイドライン・1頁（2.(1)）参照
16　ガイドライン・5頁（4.(1)）参照
17　ガイドライン・6頁（5.(1)）参照

> 使用者を所有者とみなして課税した後、所有者が判明した場合、使用者を所有者とみなしてなされた課税の効力はどうなりますか。

　使用者を所有者とみなして行った賦課決定が法343条5項の要件を満たす場合、課税は有効であるから、後日所有者が判明した場合でも当該賦課決定の効力に影響を及ぼさないと考えられる。但し、使用者とみなして課税した時点で、同項の要件を満たしていなかった場合には、使用者とみなして行った課税は無効[18]となるため、要件該当性については慎重に判断する必要がある。

---

18 ガイドライン・7頁（6.⑴）参照

6 所有者不明土地・建物を増加させないように対処するため等の制度・取り組み

(1) 登録免許税の免除措置

　相続による土地の所有権移転登記手続を行う場合、不動産の価額に対して0.4パーセント（1000分の4）の税率がかかるところ、平成30年度の税制改正により、以下①については平成30年4月1日から、②のうち下線部以外については平成30年11月15日から、それぞれ令和3年3月31日までの間、登録免許税を課さないとされた（租税特別措置法84条の2の3）。相続による登記を促進し、所有者不明土地の発生抑止に資するためである。

　また、令和3年度税制改正により、当該免税措置のうち、②の適用対象となる登記の範囲について、表題部所有者の相続人が受ける土地の所有権の保存の登記（下線部）を加えたうえ、当該免税措置の適用期限が1年（令和4年3月31日まで）延長された。

①　個人が相続（相続人に対する遺贈を含む。以下この条において同じ）により土地の所有権を取得した場合において、当該個人が当該相続による当該土地の所有権の移転の登記を受ける前に死亡したときは、当該個人を当該土地の所有権の登記名義人とするために受ける登記

②　個人が、土地について表題部所有者の相続人が所有権の保存の登記又は相続による所有権の移転の登記を受ける場合において、当該土地が相続による土地の所有権の移転の登記の促進を特に図る必要があるものとして政令で定めるものであり、かつ、不動産の価額が10万円以下であるときは、当該土地の表題部所有者の相続人が受ける所有権の保存の登記又は相続による所有権の移転の登記

(2)　登記に関する特例等

　所有者不明土地の利用の円滑化等に関する特別措置法（平成30年法律第49号）により所有者不明土地の利用の円滑化及び土地の所有者の効果的な探索を図るため、所有者不明土地の利用の円滑化のための特別の措置や土地の所有者の効果的な探索のための特別の措置等が設けられた。

　また、表題部所有者不明土地の登記及び管理の適正化に関する法律（令和元年法律第15号）により、表題部所有者不明土地の登記及び管理の適正化を図るため、登記官による表題部所有者不明土地の所有者等の探索及び当該探索の結果に基づく表題部所有者の登記並びに所有者等特定不能土地及び特定社団等帰属土地の管理に関する措置が設けられた。

(3)　民法等の一部を改正する法律等

　所有者不明土地の増加等の社会経済情勢の変化に鑑み、所有者不明土地の発生を防止するとともに、土地の適正な利用及び相続による権利の承継の一層の円滑化を図るため、相隣関係並びに共有物の利用及び管理に関する規定の整備、所有者不明土地管理命令等の制度の創設並びに具体的相続分による遺産分割を求めることができる期間の制限等に関する規定の整備を行うとともに、相続等による所有権の移転の登記の申請を相続人に義務付ける規定の創設等を行う必要があるということを理由として、令和3年3月5日、「民法等の一部を改正する法律案」が第204回通常国会に提出され、同年4月21日、「民法等の一部を改正する法律」（令和3年法律第24号）[19]が成立した（公布日：同月28日）。また、社会経済情勢の変化に伴い所有者不明土地が増加

---

[19]　以下、「民法等の一部を改正する法律（令和3年法律第24号）」による改正後の民法については、「改正民法」といい、改正後の不動産登記法については、「改正不動産登記法」という。

していることに鑑み、相続等による所有者不明土地の発生の抑制を図るため、相続等により土地の所有権を取得した者が、法務大臣の承認を受けてその土地の所有権を国庫に帰属させることができる制度を創設する必要があるということを理由として、令和3年3月5日、「相続等により取得した土地所有権の国庫への帰属に関する法律案」が第204回通常国会に提出され、同年4月21日、「相続等により取得した土地所有権の国庫への帰属に関する法律」（令和3年法律第25号）が成立した（公布日：同月28日）。

　上記各法律の施行期日については、原則として公布の日から2年以内の政令で定める日とされているが、相続等による所有権の移転の登記申請等については公布の日から3年以内の政令で定める日、所有権の登記名義人の氏名等の変更の登記の申請等については公布の日から5年以内の政令で定める日とされている[20]。改正事項が多岐にわたるため、以下では固定資産税の実務に影響のあり得るいくつかの改正点等について概要を紹介する。

ア　民法の改正

(ア)　所有者不明土地・建物の管理制度の創設

　所有者不明土地の円滑かつ適正な管理を実現するための制度として、所有者不明土地・建物の管理制度が創設された（改正民法264条の2ないし8）。

　現行利用できる制度として、不在者財産管理制度（民法25条ないし29条）や相続財産管理制度（民法951条ないし959条）があるが、これらの制度は、不在者財産や相続財産を管理する制度であり、所有者不明土地・建物以外の財産も管理の対象となるため、所有者不明土地・建物以外の財産をも想定した管理費用等が必要となっていたが、所有者不明土地・建物の管理制度では、所有者不明土地・建物につい

20　民法等の一部を改正する法律（令和3年法律第24号）附則1条。

てのみ管理の対象となるような制度設計がなされている。

　また、土地・建物共有者の複数名が不在者となっている場合、不在者ごとに複数名の管理人を選任する必要があり、複数名分、かつ、不在者十地・建物以外の財産分の管理費用が必要となっていたところ、改正民法では共通の所有者不明土地（建物）管理人を選任できるよう制度設計がなされている。

(イ)　相続財産の清算人への名称変更

　民法936条1項及び同952条以下に規定する「相続財産の管理人」という名称が、相続財産の清算人に改められることに加え（改正民法936条1項及び同952条ないし958条）、清算手続に関して若干の変更がなされている。

(ウ)　遺産分割の期間制限

　相続開始の時から10年を経過した後にする遺産の分割については、原則として民法903条（特別受益者の相続分）から904条の2（寄与分）までの規定が適用されないこととなる（改正民法904条の3）。

イ　不動産登記法の改正

(ア)　相続登記等の申請義務化

　現行制度のもとでは、登記をすることは義務ではないが、それにより相続等が発生しても登記に反映されることなく、所有者不明土地が発生しているところである。そのような事態を防止するため、以下のような場合に登記申請を行うことが義務づけられることとなる。

　所有権の登記名義人について相続の開始があったときは、当該相続により所有権を取得した者は、自己のために相続の開始があったことを知り、かつ、当該所有権を取得したことを知った日から3年以内に、所有権の移転の登記を申請しなければならない。遺贈（相続人に対する遺贈に限る。）により所有権を取得した者も、同様とする（以上、改正不動産登記法76条の2第1項）。前項前段の規定による登記(民法900条及び901条の規定により算定した相続分に応じてされたもの

に限る。）がされた後に遺産の分割があったときは、当該遺産の分割によって当該相続分を超えて所有権を取得した者は、当該遺産の分割の日から3年以内に、所有権の移転の登記を申請しなければならない（同2項）。そして、申請をすべき義務がある者が、正当な理由がないのにその申請を怠ったときは、10万円以下の過料に処せられる（改正不動産登記法164条1項）。

　また、所有権の登記名義人の氏名若しくは名称又は住所について変更があったときは、当該所有権の登記名義人は、その変更があった日から2年以内に、氏名若しくは名称又は住所についての変更の登記を申請しなければならない（改正不動産登記法76条の5）。そして、申請をすべき義務がある者が、正当な理由がないのにその申請を怠ったときは、5万円以下の過料に処せられる（改正不動産登記法164条2項）。

㈡　相続人である旨の申出等（相続人申告登記）を創設

　死亡した所有権の登記名義人の相続人による申出を受けて登記官がする登記が創設された。具体的には、前条第1項の規定により所有権の移転の登記を申請する義務を負う者は、法務省令で定めるところにより、登記官に対し、所有権の登記名義人について相続が開始した旨及び自らが当該所有権の登記名義人の相続人である旨を申し出ることができる（改正不動産登記法76条の3第1項）。そして、前条第1項に規定する期間内に前項の規定による申出をした者は、同条第1項に規定する所有権の取得（当該申出の前にされた遺産の分割によるものを除く。）に係る所有権の移転の登記を申請する義務を履行したものとみなす（同2項）。

　相続人が、登記名義人の法定相続人であることを申し出ることを、相続登記申請義務の履行手段の一つとし、相続登記の申請義務につき比較的簡易に履行することを可能とした制度である。

㈡　相続人に対する遺贈による所有権の移転の登記

遺贈（相続人に対する遺贈に限る。）による所有権の移転の登記は、登記権利者が単独で申請することができるようになる（改正不動産登記法63条3項）。共同申請ではなく単独申請で可能となることで、登記の促進が期待されるところである。

㈢　所有権の登記の登記事項

所有権の登記の登記事項に以下の事項が追加されることとなる（改正不動産登記法73条の2）。登記事項に以下の事項が追加されることにより、所有者探索がこれまでよりも容易になり得るところである。

①　所有権の登記名義人が法人であるとき

会社法人等番号（商業登記法7条に規定する会社法人等番号をいう。）その他の特定の法人を識別するために必要な事項として法務省令で定めるもの

②　所有権の登記名義人が国内に住所を有しないとき

その国内における連絡先となる者の氏名又は名称及び住所その他の国内における連絡先に関する事項として法務省令で定めるもの

ウ　相続等により取得した土地所有権の国庫への帰属に関する法律（以下、「相続土地国庫帰属法」という）

㈠　承認申請

土地の所有者（相続等によりその土地の所有権の全部又は一部を取得した者に限る。）は、法務大臣に対し、その土地の所有権を国庫に帰属させることについての承認を申請することができる（相続土地国庫帰属法2条1項）。但し、当該土地が、建物の存する土地等であるときは、承認申請をすることができない（同3項）。

㈡　法務大臣による審査等

法務大臣は、承認申請に係る土地が、崖（勾配、高さその他の事項について政令で定める基準に該当するものに限る。）がある土地のうち、その通常の管理に当たり過分の費用又は労力を要するもの等に該

当しないと認めるときは、その土地の所有権の国庫への帰属について承認しなければならない（同法5条1項）。

　法務大臣は、審査のため必要があるときは、その職員に事実の調査をさせたり、関係行政機関の長等関係者に資料の提供等を求めることができる（相続土地国庫帰属法6条及び同7条）

　㈦　負担金の納付

　承認申請者は、承認があったときは、承認に係る土地につき、国有地の種目ごとにその管理に要する10年分の標準的な費用の額を考慮して政令で定めるところにより算定した額の金銭（以下「負担金」という。）を納付しなければならない（相続土地国庫帰属法10条）。

　㈢　国庫帰属の時期

　承認申請者が負担金を納付したときは、その納付の時において、承認に係る土地の所有権は、国庫に帰属する（相続土地国庫帰属法11条）。

　㈣　小　括

　相続又は相続人に対する遺贈により土地の所有権を取得した所有者に限られること、建物が存在する土地等は国庫に帰属させることができないこと、国庫帰属させるためには負担金の支払いが必要となること等、本制度を利用するには一定の制約があるものの、今後の運用により相続による所有者不明土地の発生の抑制が期待されるところである。

⑷　所有者不明土地・建物を生じさせないための取り組み（工夫）

　所有者不明土地・建物を増加させないためには、所有者不明土地・建物が発生しないようにするための予防策を講じることが重要である。そして、所有者不明土地・建物は相続登記がされないこと等により発生していることからすると、市町村において所有者の死亡の事実を把握したうえで、相続人に対して相続登記の申請を促すことができ

れば、所有者不明土地・建物の発生を防止し、ひいては適切に固定資産税の賦課・徴収が可能になると考えられる。

　市町村が固定資産の所有者の死亡の事実を把握するためには、死亡届が提出された時点で役所の各部署間で情報共有ができる体制が重要となる。この点、総合窓口の設置をしている市町村があり、効果が出ているようである。また、相続人に相続登記の申請を促すためには、前述したような税制措置があることや、前述した相続登記が義務化されるという情報（相続登記義務化後はその情報）等を相続人に対してわかりやすく知らせてあげることが重要となる。そのためにはパンフレットの配布等も有用であろう。

　この点に関しては、所有者の所在の把握が難しい土地への対応方策に関する検討会「所有者の所在の把握が難しい土地に関する探索・利活用のためのガイドライン～所有者不明土地探索・利活用ガイドライン～（第3版）」の「第7章　所有者不明土地を増加させないための取組」において紹介されている取組みが大変参考となる。

〈参考文献〉
・固定資産税務研究会編『固定資産税逐条解説』（地方財務協会、2010年）
・地方税務研究会編『地方税法総則逐条解説』（地方財務協会、2017年）
・固定資産税務研究会編『令和2年度版要説固定資産税』（ぎょうせい、2020年）
・志場喜徳郎ほか編『国税通則法精解平成31年改訂』（大蔵財務協会、2019年）
・堂薗幹一郎・野口宣大編著『一問一答・新しい相続法平成30年民法等（相続法）改正、遺言書保管法の解説』（商事法務、2019年）
・裁判所職員総合研修所監修「民事訴訟関係書類の送達実務の研究―新訂―」（司法協会、2006年）
・徳重覚「所有者不明土地等ガイドラインの解説―固定資産税課税に係る使用者を所有者とみなす制度の拡大」『月刊　税』2020年11月号（ぎょ

うせい）
・所有者の所在の把握が難しい土地への対応方策に関する検討会「所有者の所在の把握が難しい土地に関する探索・利活用のためのガイドライン〜所有者不明土地探索・利活用ガイドライン〜（第3版）」
・法制審議会「民法・不動産登記法（所有者不明土地関係）の改正等に関する要綱」
・法務省民事局参事官室・民事第二課「民法・不動産登記法（所有者不明土地関係）等の改正に関する中間試案の補足説明」
・法務省民事局令和3年5月付「所有者不明土地の解消に向けた民事基本法制の見直し【民法等一部改正法・相続土地国庫帰属法の概要】」http://www.moj.go.jp/content/001347356.pdf

【櫛田博之】

使用者を所有者とみなす制度の拡大

　令和2年度に行われた税制改正により、使用者を所有者とみなして固定資産税を課すことができる制度が拡大されました（地方税法343条4項・5項）。この規定によって、固定資産の名義人が亡くなった場合であっても依然として当該建物に居住している者を所有者とみなして固定資産を課税できるのではないかという期待が自治体職員の方から寄せられております。

地方税法
第343条第4項（改正）
　市町村は、固定資産の所有者の所在が震災、風水害、火災その他の事由により不明である場合には、その使用者を所有者とみなして、固定資産課税台帳に登録し、その者に固定資産税を課することができる。この場合において、当該市町村は、当該登録をしようとするときは、あらかじめ、その旨を当該使用者に通知しなければならない。」
第5項（新設）
　市町村は、相当な努力が払われたと認められるものとして政令で定める方法により探索を行つてもなお固定資産の所有者の存在が不明である場合（前項に規定する場合を除く。）には、その使用者を所有者とみなして、固定資産課税台帳に登録し、その者に固定資産税を課することができる。この場合において、当該市町村は、当該登録をしようとするときは、あらかじめ、その旨を当該使用者に通知しなければならない。

　たしかに、新たに設けられた地方税法343条5項は災害等の場合に限定しておらず、使用者を所有者とみなして課税する場面が広がったことは間違いありません。
　しかしながら、本規定の適用範囲はかなり限定的に解釈しておいた方がよいと思います。
　総務省が令和2年9月4日に出した「地方税法第343条第5項の規定の適用に係る留意事項について」というタイトルの通知において次のようにその範囲を限定しております。すなわち、所有者の存在が不

明である場合について、「課税庁が地方税法施行令第49条の2及び地方税法施行規則第10条の2の12から第10条の2の14までに規定する探索を尽くしても所有者の存在が一人も明らかとならない場合に限り適用できるものである。したがって、所有者の所在が不明であるが、当該者の存在が公簿上明らかである場合は適用できないものである。」と記載しております。

　たとえば、相続放棄をした者が当該固定資産を使用していたとしても、他の相続人が存在する場合には、その相続人の所在が不明であっても「所有者の存在が不明である場合」とはいえず、使用者を所有者とみなすことはできないことになります。

　また、一般的に相続人全員が死亡又は相続放棄しており、相続財産管理人も選任されていない場合には「所有者の存在が不明である場合」といえそうですが、先ほどの総務省の通知「2（3）その他の留意点」の中で、「相続人が全員相続放棄しているなどの場合には課税庁が相続財産管理人等の選任を申し立てるなど、財産管理制度の活用が可能となる場合もあり得ること。財産管理人等が選任されている場合には〜使用者を所有者とみなして課税することはできないことに留意すること」と記載されていることからも、相続人全員が相続放棄をしている場合に常にこの規定を用いて使用者に課税することができるわけではない、という点に注意が必要といえます。

　なお、同通知は所有者探索の方法や使用者の該当性についても詳しく記載しているので、地方税法343条5項の適用を検討する場合には必ず目を通されることをお勧めいたします。

〔今井　亮〕

執筆者一覧

加藤　淳也　弁護士・弁理士（城南法律事務所）　　　【第1章、第2章】
京都大学法科大学院修了。2007年弁護士登録。長谷川龍伸法律事務所を経て、2012年1月城南法律事務所開設。名古屋大学法科大学院非常勤講師、愛知工業大学非常勤講師、愛知学院大学非常勤講師、名古屋市包括外部監査人補助者を歴任。愛知県社会福祉協議会自立支援事業契約締結審査会審査委員、株式会社エイチーム社外取締役、株式会社Photo electron Soul社外監査役。

　▶**城南法律事務所**
　　愛知県名古屋市中区丸の内一丁目4番12号　アレックスビル2階
　　https://www.jlaw.jp/

伊藤　定幸　弁護士・不動産鑑定士（荒井・今泉法律事務所）　【第3章】
2011年弁護士登録。2013年不動産鑑定士登録。

　▶**荒井・今泉法律事務所**
　　宮城県仙台市青葉区大町1丁目2-1　ライオンビル7階
　　https://www.ajih-lo.com/

今井　亮　弁護士（櫻田法律事務所）　　　　　　　　　【第4章】
京都大学法科大学院修了。2008年弁護士登録、櫻田法律事務所入所。2009年～2010年東京大学法科大学院非常勤講師、2016年～特別区職員研修講師（現任）。主な執筆として『民事弁護ガイドブック』（共著）（ぎょうせい、2011年）、『遺言書・遺産分割協議書等　条項例集』（共著）（新日本法規、2016年）ほか。

　▶**櫻田法律事務所**
　　東京都千代田区隼町2—17　パレスサイド千代田3階

露木　洋司　弁護士（城南法律事務所）　　　　　　　　　【第5章】

早稲田大学大学院法務研究科修了。2014年弁護士登録。弁護士法人永井法律事務所を経て、2016年城南法律事務所入所。

櫛田　博之　弁護士（アンカー北浜法律事務所）　　　　【第6章】

立命館大学法科大学院修了。大阪弁護士会登録(2008年12月〜2011年4月、2013年6月〜)。2009年1月太平洋法律事務所入所、2011年4月〜2013年3月消費者庁（旧企画課・消費者制度課）勤務（任期付公務員）。2013年6月太平洋法律事務所復帰（〜2017年9月）、その後専門商社勤務を経て2021年1月に現事務所に入所。

　▶**アンカー北浜法律事務所**

　　大阪府大阪市中央区北浜2丁目3番6号　北浜山本ビル8階
　　https://anchor-law.com/

一般財団法人MIA協議会　　　　　　　　　　　　【編集協力】

1984年10月、名古屋市に本部を置く㈱総合鑑定調査を中心に、固定資産評価事務の適正化、円滑処理を図るための研究会（MIA協会）を発足。翌年以降、MIA固定資産評価システム協会の名称で、システムをはじめ会員各社において開発及び処理した固定資産土地評価に関するノウハウを市町村及び関係者に公開・提供するとともに、会員向けの業務処理実務研修・講師派遣・コンサルティング等の活動を行う。また、毎年実務テキストを発行し、市町村職員を対象とした研修会・ブロック勉強会等を開催。1989年6月にMIA日本固定資産評価システム協議会、2003年6月にはMIA協議会に改称。2009年2月より一般財団法人MIA協議会として、研修事業、地方自治体の行政運営及び自治体経営に関する調査・研究・提言等の活動を行っている。

　　https://www.miaj.or.jp/

困難事案もこれで解決！

ケース別 相続をめぐる固定資産税の実務

令和 3 年12月22日　第 1 刷発行
令和 4 年11月15日　第 2 刷発行

編　　著　　加藤淳也　　伊藤定幸　　今井亮
　　　　　　露木洋司　　櫛田博之

編集協力　　一般財団法人MIA協議会　株式会社総合鑑定調査

発　行　　株式会社 ぎょうせい

　　　　　〒136-8575　東京都江東区新木場1-18-11
　　　　　URL：https://gyosei.jp

　　　　　フリーコール　0120-953-431

　　　　　ぎょうせい　お問い合わせ　検索　https://gyosei.jp/inquiry/

〈検印省略〉

印刷　ぎょうせいデジタル株式会社　　　　　　　©2021　Printed in Japan
※乱丁・落丁本はお取り替えいたします。

ISBN978-4-324-11103-1
(5108778-00-000)
〔略号：ケース相続固定〕